书山有路勤为径,优质资源伴你行
注册世纪波学院会员,享精品图书增值服务

流程型组织变革

数字化转型与业绩增长新路径

张兴华 ◎ 著

电子工业出版社
Publishing House of Electronics Industry
北京·BEIJING

未经许可，不得以任何方式复制或抄袭本书之部分或全部内容。
版权所有，侵权必究。

图书在版编目（CIP）数据

流程型组织变革：数字化转型与业绩增长新路径／张兴华著. -- 北京：电子工业出版社，2024.9.
ISBN 978-7-121-48801-6

Ⅰ.F272

中国国家版本馆CIP数据核字第2024AP0513号

责任编辑：袁桂春
印　　刷：河北鑫兆源印刷有限公司
装　　订：河北鑫兆源印刷有限公司
出版发行：电子工业出版社
　　　　　北京市海淀区万寿路173信箱　邮编100036
开　　本：720×1000　1/16　印张：14　字数：246千字
版　　次：2024年9月第1版
印　　次：2024年9月第1次印刷
定　　价：69.00元

凡所购买电子工业出版社图书有缺损问题，请向购买书店调换。若书店售缺，请与本社发行部联系，联系及邮购电话：（010）88254888，88258888。
质量投诉请发邮件至zlts@phei.com.cn，盗版侵权举报请发邮件至dbqq@phei.com.cn。
本书咨询联系方式：（010）88254199，sjb@phei.com.cn。

前　言

以流程再造牵引组织变革，助推企业内生式增长，以成功穿越周期

一、为何写本书

当下宏观经济增速放缓，诸多产业进入存量、减量竞争时代，机会对企业发展的驱动越来越弱，企业发展更多要靠组织能力驱动。组织能力强的企业才能在竞争中胜出，在存量、减量时代实现内生式增长，成功穿越周期。组织能力强的企业意味着营销更精准、供应链成本更低、产品质量更好、研发周期更短、资金周转更快，这些就是长期、持久的核心竞争力。"潮水退去方知谁在裸泳，大浪淘沙尽显英雄本色。"很多企业一直都在构建组织能力，组织能力用钱买不来，构建组织能力需要长期、持久、艰苦的付出，而且要成功的变革支撑。变革也决定着组织的成长、能力累积、发展与生命力。变革是企业家和中高层管理者持续关注的痛点，对于变革，大多数企业不得其法，而且成功率较低。

在此背景下，结合自身多年企业中高层管理及管理咨询实践经历，本人自2018年开始就进行书籍策划和写作。基于构建组织能力和成功变革的实践，我决定从流程+组织的独特视角解剖变革管理，通过流程+组织推动管理变革，开辟组织能力成长之路。回应当前存量、减量竞争时代下，如何通过流程型组织变革构建组织能力，运用驱动增长和发展的模式与路径，解决企

业增长问题。

流程型组织从客户出发，以终为始实现企业价值流再造，以流程变革牵引组织变革，重置内部的责、权、利、能。流程型组织能够推动数字化转型、战略落地、组织能力成长、公司治理优化、内控管理提升、组织协同强化、运营效率提升、企业文化升级，最终构建强大的组织能力，实现商业成功。

中国企业缺的不是经营能力，而是管理能力。经营与管理失衡，落后的管理蚕食经营效益，使企业难以持续存在。企业的本质是创造顾客，经营要以客户为中心，以客户为中心需要流程管理落地支撑。真正战胜竞争对手的是流程管理，不完全是人才、技术、资金，没有流程管理，这三种要素难以形成力量。流程管理是中国企业走向世界的必经之路。

二、本书写了什么

本人在近20年的工作中，职业生涯从企业到咨询，从咨询到企业，再从企业到咨询。企业经历：从一线业务执行做到高层管理，在百亿、千亿级企业担任流程总监、流程IT总监，推行流程变革与数字化转型，深刻理解变革难点、障碍。咨询实践：为近百家头部民营企业提供流程型组织变革咨询服务，从第三方视角关注流程变革的执行和落地，并取得了优异成果，积累了丰富的流程变革实战经验。专业线涉及营销、研发、供应链等多个业务领域，行业线涉及智能制造、电子电力、新材料、食品、家电、现代农业、软件等多个行业。本书内容概述如下。

第一篇：十大核心观点，从战略视角、价值视角、效率视角、组织视角、能力视角、链接视角、协同视角、治理视角、内控视角、文化视角重新认知流程，重新定义流程，提炼独特的十大核心观点，唤醒企业家和企业中高层管理者对流程、流程型组织变革的认知，突破企业原先认知局限，唤醒思想意识，带来观念冲击，转变意识形态，从根本上改变对流程的认知，并且每章涵盖情境问题、案例解读，整体通俗易懂。

第二篇：五大要素方法，从架构、责任、设计、固化、优化五方面解读流程型组织变革方法论。市面上解读流程方法的书籍很多，但是没有贯穿流程与组织，也未叠加变革视角。对企业发展与组织能力构建来说，流程+组织才是有效的指导方法。本书将方法和工具与中国企业特点相结合，并不断总结和创新，形成了具有本土化特色的管理工具。书中提出的管理变革四段论、流程设计五维分析、数字化转型"铁三角"等方法和工具，能高度还原业务现状与问题，精准定位问题根因，清晰指导流程型组织变革实操，助力企业取得变革成果，达成预期目标。

第三篇：七大流程变革案例，基于流程管理、管理咨询的亲身实践，进行了案例总结。该部分都是行业领军企业的变革案例，涉及营销、研发、供应链、审批等多个业务领域。其中"'需求驱动'产品创新变革"曾获得行业管理创新成果奖。这些有关流程型组织变革的鲜活案例，让读者对方法论有更深入的理解，也可结合自身企业实际情况落地实践。这些案例真实可靠且具有典型性、代表性，具备较好的学习借鉴价值。

三、阅读本书的价值

本书可帮助企业老板、各级管理人员、流程专业从业人员、咨询顾问解决流程变革难题，摆脱变革焦虑，助推变革成功，实现企业业绩高质量增长。对于企业家和管理者来说，面对回归组织能力的竞争，本书提供了一个全新的视角。本书能够帮助读者找出流程变革助推组织能力成长与业绩增长的方法、路径，在企业发展、组织能力、管理进阶等维度都具备独特的阅读价值和借鉴意义。

（1）企业发展维度：在存量甚至减量竞争时代，更多的是核心能力的竞争。流程型组织是企业的核心竞争力，通过构建流程型组织提升组织效能，可以解决业绩增长乏力和发展瓶颈等问题。

（2）组织能力维度：在人力成本高企的条件下，不依赖于少数能人，而通过流程型组织变革打造组织能力，培育企业人才，解决企业人才发展问题。

（3）管理进阶维度：通过流程变革牵引组织变革，用一体化的流程型组织变革方法论，推动企业管理进阶，实现基业长青。

流程型组织变革是组织发展的必由之路，也是管理者必备的专业技能。自2018年开始策划和写作以来，我利用工作之余的每个清晨和深夜进行写作，每一次思考、总结、提炼、修改都是自我成长，也时常把自己感动。本书成稿历时整整6年，期望本书能帮助更多的企业在存量、减量时代成功变革，实现内生式增长，穿越周期，行稳致远。

目　录

第一篇　精髓：十大核心观点　001

  第一章　战略：从过程管理到商业成功　002

  第二章　价值：从领导驱动到客户驱动　011

  第三章　效率：从频繁返工到一次做对　017

  第四章　组织：从职能型到流程型　023

  第五章　能力：从个人隐性到组织显性　032

  第六章　链接：从段到段到端到端　040

  第七章　协同：从纵向割据到横向一体　049

  第八章　治理：从总部集权到授权有章　055

  第九章　内控：从事后审计到事前防范　061

  第十章　文化：从无序人治到有序法治　067

第二篇　秘诀：五大要素方法　073

  第十一章　架构，全局鸟瞰而非局部虫瞰　074

  第十二章　责任，业务负责人是流程责任人　085

  第十三章　设计，客户价值导向的组织再造　092

  第十四章　固化，数字化转型流程要先行　100

  第十五章　优化，持续优化无穷接近合理　109

第三篇　案例：七大流程变革案例　　　　　　　　　　　　**119**

第十六章　"需求驱动"产品创新变革　　　　　　　　　　120
第十七章　"价值创造"营销流程变革　　　　　　　　　　136
第十八章　"差异化创新"研发流程变革　　　　　　　　　149
第十九章　"成本领先"供应链流程变革　　　　　　　　　161
第二十章　"集成一体"计划流程变革　　　　　　　　　　175
第二十一章　"内控合规"合同流程变革　　　　　　　　　187
第二十二章　"组织激活"审批授权变革　　　　　　　　　199

参考文献　　　　　　　　　　　　　　　　　　　　　　　213
致谢　　　　　　　　　　　　　　　　　　　　　　　　　214

第一篇

精髓：
十大核心观点

第一章

战略：从过程管理到商业成功

 轻松自测

> **是否需要学习"战略：从过程管理到商业成功"？**
>
> 请您检测一下，自身或工作环境中是否存在以下认知误区或问题？如存在，请您在左侧方框里画"√"。
>
> □ 存量和减量竞争时代市场蛋糕缩减，机会驱动增长模式难以为继。
>
> □ 经营意识强但管理跟不上，落后的管理蚕食经营效益，难以持续发展。
>
> □ 业绩伴随行业波动，潮水退去发现自己在裸泳，一直未能构建管理核心竞争力。
>
> □ 经营环境不断变化，不知如何"用管理的确定性应对经营环境的不确定性"。
>
> □ 成本越来越高，利润越来越薄，不知如何才能真正导向商业成功。
>
> □ 流程总是强调过程管理，却总是未能指向客户价值。
>
> □ 流程管理职能很难得到重视，在组织夹缝中求生存。
>
> □ 流程看起来很对，用起来"鸡肋"，很难经得起实践检验。
>
> **答案：** 如果以上有3项及以上画"√"，那就需要认真阅读本章。

第一章 战略：从过程管理到商业成功

一、商业成功源于价值流管理

企业是商业组织，商业组织的战略就是导向商业成功，商业成功意味着实现经营目标，实现经营目标需要客户买单。客户买单后企业才能将产品转变为商品，只有客户重复、持续买单，企业才能实现可持续性发展。"之所以需要鞋匠，不是因为鞋匠需要钱，而是有人需要鞋。"因此，企业的本质是"创造客户"。创造客户需要理解"客户的需求是什么？客户认可的价值是什么"。客户决定了企业是什么而不是什么，客户决定了企业是遥遥领先还是迟迟落后。基于客户需求持续为客户创造价值才能实现商业成功。

为客户创造价值需通过一系列价值创造活动承载，活动动态演绎形成价值流，价值流以产品为载体流动，实现与客户的价值交换，这也是闭环的商业逻辑。所以价值流管理能力决定企业能否成功。领先企业都具备卓越的价值流管理能力，可以持续、稳健地用更低的成本、更快的价值流速、更粗的价值管道实现更多的客户价值，最终展现出更靓丽的财务数据、更优的产品与服务、更大的发展潜力。

领先企业也正是通过价值流管理能力与竞争对手区分开来，企业价值流管理能力体现在机会区、成本区、价值流管道三个方面，如图1-1所示。

1. 机会区（效益高）

客户价值实现多，因为产品或服务具备差异化，产品或服务价格可高于竞争对手。相对于竞争对手，产品或服务为客户创造了更多的价值。客户持续买单，并且认为"值"。

2. 成本区（成本低）

以更低的成本将价值创造的要素资源组织起来，要素资源包含人才、技术、资金、供应商、工厂等，成本区组织方式更有效、运营效率更高、成本更低，具备"成本领先"竞争力。

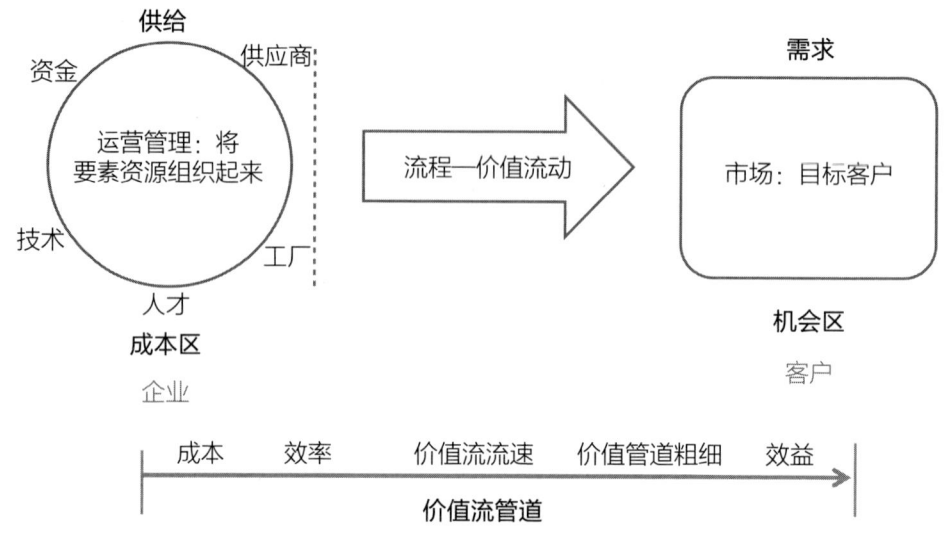

图1-1　企业价值流管理能力

3. 价值流管道（管道粗，流速快）

管道粗意味有更多的客户、更大的渠道流量、更广的销售途径。流速快意味着有更快的价值流速、更高的购买频率。价值流动"看得见"，管道粗细"扩得大"，疏导运营"做得通"，价值流管道可优化、可持续改进。

二、重新定义流程：从过程管理到商业成功

价值流就是流程，价值流管理就是流程管理。流程为客户价值而生，好的流程意味着简单、高效、低成本地实现更多的客户价值。流程决定客户价值创造的"频率"，也决定了企业在产业链的价值分享"效益"。

回归价值创造原点来追溯流程出发点，为客户创造价值需要回答："谁是客户？客户需求是什么？如何满足客户需求？如何长期保持竞争优势？"回答好这四个问题，也就明确了企业战略定位、价值主张。价值主张衍生产品与服务、商业模式。产品与服务是实现客户需求的载体，商业模式围绕客户价值明确描述企业创造价值、传递价值和获取价值的基本原理。产品与服务、商业模式的"关键成功要素"通过关键流程承接落地，关键流程将资源

组织起来实现价值创造，如图1-2所示。

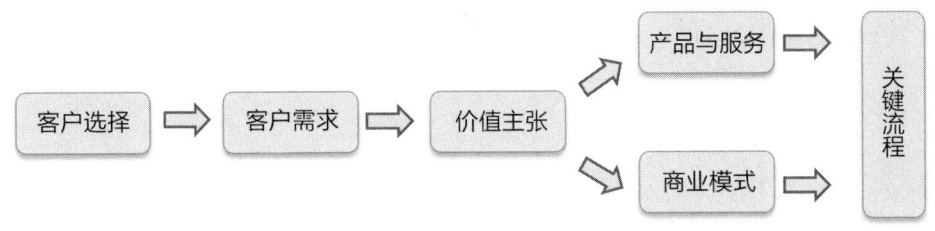

图1-2　流程原理——导向商业成功

因此，流程管理绝不仅是过程管理，还是管理的基础，并且在真正意义上决定了企业的商业成功，流程应该成为企业的核心战略。然而，很多企业认为流程是企业内部过程管理，是内部组织协同关系，这是对流程狭隘、片面的理解。迈克尔·哈默将流程定义为：一组将输入转化为输出、为客户创造价值的相互关联的活动。从战略视角俯瞰，哈默对流程的定义还是偏过程，是从过程视角对流程进行定义，高度不够。如果不能站在商业成功、客户、价值流的高度理解流程、定义流程、梳理流程，那么流程管理就无法提供价值，企业也会认为流程管理没有价值。流程管理的本质是价值管理，而不是过程管理。流程管理客户价值创造，是价值流的动态演绎。

重新定义流程应该基于战略视角。流程是实现企业商业成功，助力企业多、快、好、省、新地实现客户价值的最佳资源组织、分工、协同方式。流程管理涉及企业的方方面面，包含客户、组织、文化、协同、内控、绩效、能力、治理等管理要素。流程应该被当作企业的核心战略进行管理。

三、华为遥遥领先的秘诀：流程导向商业成功

1. 华为IPD变革背景

1998年华为在投资组合多样化的同时，其业务变得更加复杂，实际运作也变得缺乏成效。从图1-3可见，华为收入在增长，毛利率在下降。从图1-4可见，华为人均息税前收入比竞争对手低。从图1-5可见，与业界最佳相比，华为研发浪费严重，产品开发周期长。

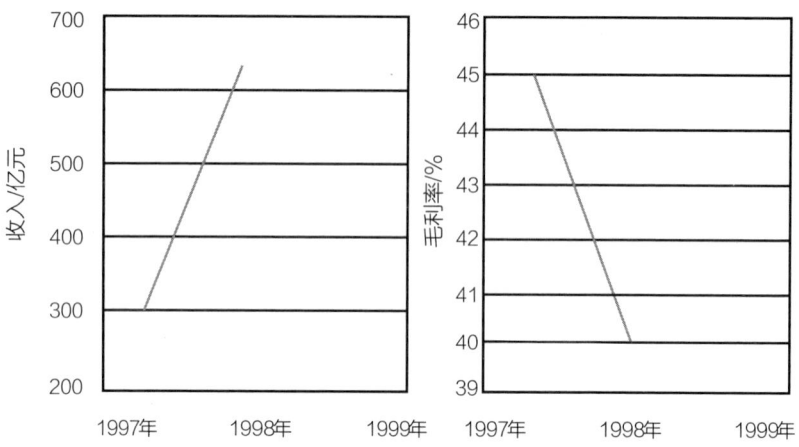

图1-3 华为收入与毛利率趋势图

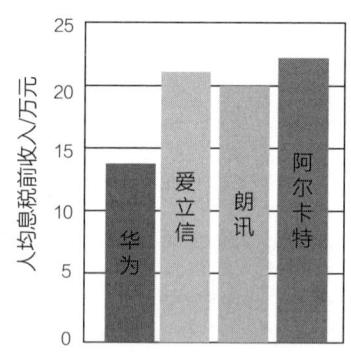

图1-4 华为人均息税前收入与其竞争对手对比

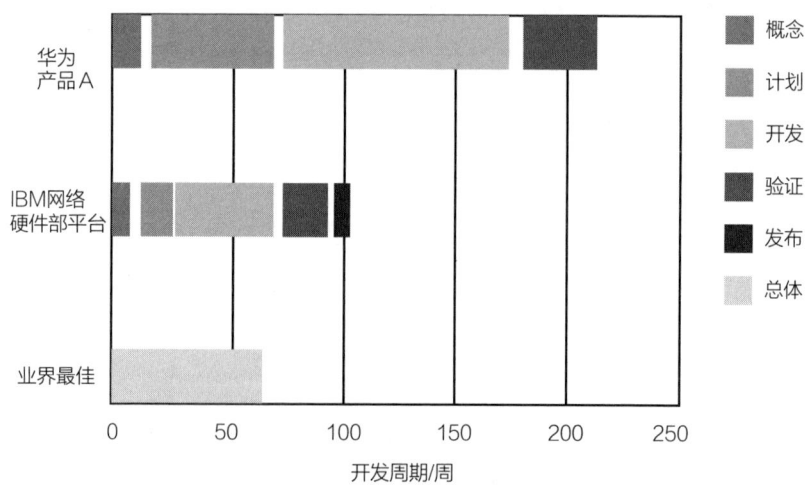

图1-5 华为产品开发周期与业界最佳对比

同时，华为内部运作效率下降、不良文化滋生、规模增长导致纵向层级、横向协作等管理复杂度明显增加，具体表现在以下方面。

（1）组织：本位主义，部门墙，各自为政，内耗，技术驱动，以自我为中心。

（2）人员：依赖英雄，成功难以复制，组织风险大。

（3）流程：缺乏结构化端到端流程，运作过程割裂。

（4）技能：游击队，作业不规范，专业技能不足。

（5）产品与市场分离，产品开发不是围绕市场成功进行的。

（6）进入国际化市场后，知识产权保护等问题层出不穷。

（7）交付质量不稳定，频发的售后服务冲击研发节奏，蚕食利润。

（8）技术开发和产品开发未分离，质量和进度不受控。

（9）产品项目过程缺乏有效的计划与监控。

2. IPD流程变革实施

在此背景下，华为引进IBM推行的IPD（Integrated Product Development）流程变革，IPD流程本质上是一套商业流程，关注商业结果，导向商业成功。IPD流程源于客户需求，将产品开发作为一项投资行为进行管理。通过决策评审实现公司与开发项目组的互动，资源分批受控投入，既满足项目进展需要，又避免投资失败风险。IPD流程采用跨部门团队，汇集各职能及其所属领域的专业智慧和资源，形成合力，共同承担项目成败的责任，以更高的效率、更低的成本、更短的周期开发出领先的新产品，加快整体组织市场反应速度、缩短开发周期、减少失败项目、降低开发成本、提升客户价值，最终实现遥遥领先。IPD流程架构阶段划分如图1-6所示。

3. IPD变革导向商业成功

IPD流程管理体系使华为在客户满意度提高、产品开发周期缩短、产品质量提升等方面取得全面胜利。

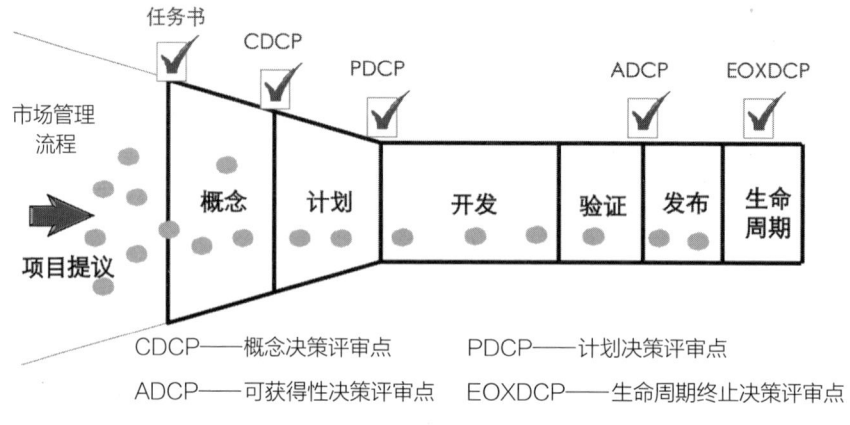

图1-6 IPD流程架构阶段划分

- 客户满意度方面（见图1-7）：客户满意度得分改善明显。
- 开发周期方面（见图1-8）：新产品开发周期因为效率提高而缩短。
- 产品质量方面（见图1-9）：产品故障率明显降低，产品质量水平提升。

华为对IPD流程变革的总结："整体综合竞争力获得了根本性的改善，新产品开发导向商业成功。从依赖个人英雄转变为依靠流程体系来推出有竞争力、高质量的产品，有力地支撑了公司快速发展和规模的国际化扩张。"

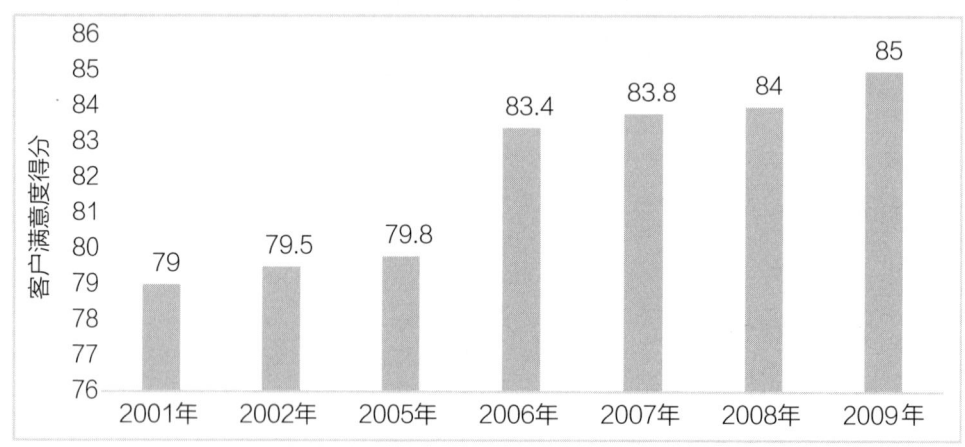

图1-7 客户满意度

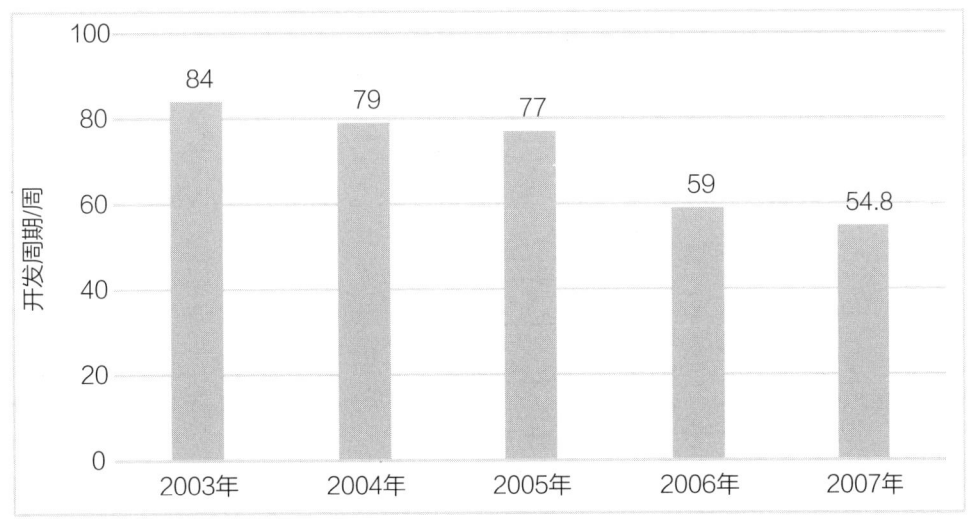

图1-8　开发周期

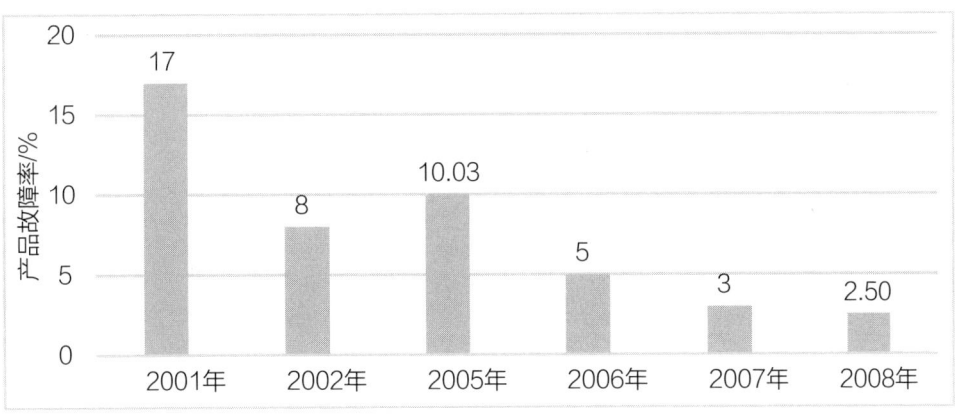

图1-9　产品故障率

四、流程战略实现经营与管理均衡发展

当前宏观经济增速放缓，产业增长红利消失，诸多行业进入存量、减量竞争时代。企业的竞争将落脚到核心竞争力，每家企业的核心竞争力是自身价值创造能力，也就是流程管理能力。从短期来看，管理没有资源、机制、模式见效快，但从长期来看，管理可构筑企业核心竞争力。

很多民营企业"重经营、轻管理""重机会、轻能力""重机制、轻流程"。做企业确实首先需要关注经营，经营要找到风口和机会，风口和机会用机制将人调动起来可以事半功倍，付出较少的努力也可迅速把生意做大。经营赚模式的钱，模式建得扎实、机会抓得好、资源布局早、机制激励强，赚钱也容易。但是风口也好，模式也好，机制也好，易复制且持久性有限。当模式相近、风口关闭时，拼的是谁的成本更低、质量更好、库存更低、周转更快、研发周期更短，这背后就是流程管理能力。这也将决定企业与企业之间的差距。企业需要多花一些时间在管理提升上面，反对机会主义，经营与管理要均衡发展。

- 企业的效益并不来自企业内部，只有通过市场才能实现从产品到商品的转变，在被客户认可之后，企业才能实现效益，所以经营与管理要以客户为中心。
- 管理意味着高效率，它是与低效率做斗争的工具和手段，管理目的服从于经营目的。
- 要实现效率最大化，必须以工作绩效为核心，持续提高组织内每个环节、每个人的工作绩效，要通过流程管理的高效率来实现经营上的高效益。
- 中国企业缺的不是经营能力，而是管理能力，经营与管理失衡，管理能力跟不上经营规模，跟不上产业发展和变化趋势，落后的管理蚕食了经营的效益，使企业难以实现持续的存在，需要围绕流程战略提升管理能力。

流程战略从客户价值出发，优化企业内部资源组织、分工、协同方式，集成组织、协同、内控、绩效、治理、能力等多维管理要素，"多、快、好、省、新"地为客户创造价值，实现企业的商业成功。流程不是一门专业，而应该是一项战略。

第二章

价值：从领导驱动到客户驱动

 轻松自测

> **是否需要学习"价值：从领导驱动到客户驱动"？**
>
> 请您检测一下，自身或工作环境中是否存在以下认知误区与问题？如存在，请您在左侧方框里画"√"。
>
> □ "以客户为中心"口号喊了好多年，但始终不知道如何全员践行与落地生根。
>
> □ 流程梳理总是沿着活动从左往右，而不是从客户价值出发从右往左。
>
> □ 流程梳理只考虑内部，却很少思考"这个流程最终是为谁服务的"。
>
> □ 流程只是描述业务的"例行公事"，而不是价值创造的最佳做事方式。
>
> □ 业务驱动靠上级发号施令，未能实现流程贯通的体系自运转。
>
> □ 领导交办不管对错，执行再说。全力服务好领导，却很少关注客户满意度。
>
> □ 一直在赶路，却忘了为什么而出发。很少分析"为何做，价值何在"。
>
> □ 绩效评价缺乏价值公允，氛围陷入"眼睛对着领导，屁股对着客户"。
>
> 答案：如果以上有3项及以上画"√"，那就需要认真阅读本章。

一、"乌卡时代"客户价值驱动

"乌卡"（VUCA）一词源于20世纪90年代美国军方，指的是在"冷战"结束后出现的多边世界，其特征比以往任何时候都更加复杂以及不确定。当前企业也正是处在一个充满易变性（Volatility）、不确定性（Uncertainty）、复杂性（Complexity）和模糊性（Ambiguity）的经营环境中。过去经济高速增长，需求旺盛，是卖方市场，现在进入存量和减量竞争时代，需求疲软，是买方市场。随着从卖方市场向买方市场的转变，企业经营的价值驱动要素也发生了变化，如表2-1所示。

表2-1 从卖方市场向买方市场转变

过去——卖方市场	现在——买方市场
生产者确定价值	客户确定价值
生产者主导	客户主导
以企业自身为焦点	以客户为焦点
生产者创造价值	客户定义价值

在买方市场，抓住客户就抓住了经营本质，经营本质是以客户价值来驱动组织，构建以客户价值驱动的流程型组织是必胜法宝、必然选择，以客户价值的确定性应对经营环境的不确定性，以管理体系的确定性应对时代的不确定性。传统分工理论的科层式组织需要向客户价值驱动的流程型组织转型与变革。客户价值驱动的流程型组织竞争优势体现在市场地位、财务实力、进入市场的能力、抓住机遇的能力、开发新产品的能力等方面。其背后是对客户的敏感、对客户的适应能力、基于客户需求的创新能力。

客户价值驱动的流程型组织意味着流程首先应指向客户，从客户、价值两个要素开始。很多企业没有考虑过这个问题，流程梳理只考虑输入、活动、输出，很少考虑客户与价值。"流程是一组将输入转化为输出、为客户创造价值的相互关联活动"，这也确定了流程的六个要素：客户、价值、输入、活动的相互作用、活动、输出，如图2-1所示。

第二章 价值：从领导驱动到客户驱动

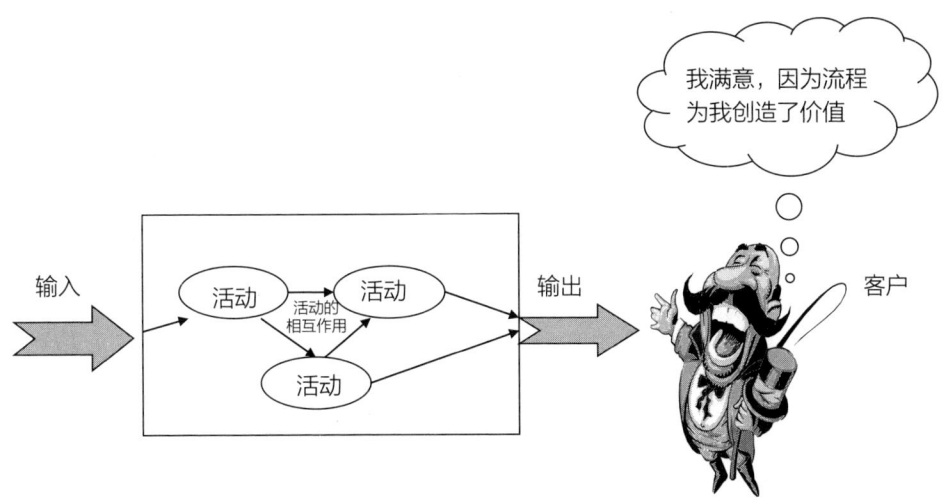

图2-1 流程的六个要素

二、科层式组织的领导驱动

科层式组织源于分工理论。泰勒是分工理论的鼻祖，泰勒在米德维尔工厂不断试验，系统分析工人的操作方法和动作耗时，重新进行活动分工、强化活动标准化、强化激励提升效率，逐步形成科学管理体系。亚当·斯密提出把工作分解成若干简单的任务，把任务交给专门的人去做，这种观点进一步推进专业化分工。分工理论虽然提高了效率，但是丧失了面向客户的整体性，科层式组织需要重新"一体化"运作。科层式组织运作存在以下三大症结。

1. 领导权威＞客户价值

科层式组织下官僚主义盛行、山头林立，在绩效管理驱动下，每个岗位对领导负责，没人对客户负责，只有老板在对客户负责。谁权力大谁说了算，而不是客户价值说了算。业务管理以领导为导向，忙于领导交办的任务，忙于请示与汇报，忙于让领导满意，忙于考核绩效指标，忙于例外问题的救火，却很少关心客户需求，很少关心客户价值，很少关心客户满意度。

2. 纵向管控＞横向协同

强调管控，组织运作依赖纵向权力路线的信息传递与决策，缺乏横向协同。"征询领导同意"的意识形态盛行，领导同意了就没有风险，出了问题是领导的责任。此意识形态下体现出有很多管控手段，如汇报机制、决策会议、审批流。以审批流为例，凡事从主管开始审批，然后到分公司领导、集团领导。一提到流程就去整理审批流，过于强调内部管控，这导致"雇用的是员工的手脚而不是大脑"，缺乏组织活力，缺乏横向协同。

3. 部门博弈＞全局最优

博弈大于合作，局部大于全局。因为利益的不一致、认知的不一致导致部门博弈，整体的效益难以保障。重视人、权力、结构，轻视标准、规则、流程。管理注意力在部门内部，关注部门内部的局部活动，遵从片段式思维，局部导向，致使"一叶障目，不见泰山"。不关注客户端到端价值创造的全流程，不关注全局的效率、成本、质量，不关注全局如何改善和提升。

三、案例：Y理发店"省时、省钱、省心"的客户价值驱动

Y理发店从客户价值出发定义了价值主张：纯手艺、只剪发、不做烫染、不推销、不办卡。客户价值精准定位驱动理发店快速发展，短短几年门店数量达到1 500家以上，营业收入超过10亿元。破译其商业成功密码：Y理发店主打"客户价值+体验"，聚焦"省时、省钱、省心"理好发的客户价值设计业务流程，实现从客户需求到客户满意，不做好生意也难。传统理发店和Y理发店的流程设计对比如图2-2所示。

1）省时——线上取号

客户无须到店等待，实时提醒，不怕过号，不推销、不办卡。

2）省钱——高性价比

互联网运营、数字化驱动，降低成本，为客户提供低价高质服务。

3）省心——真实评价

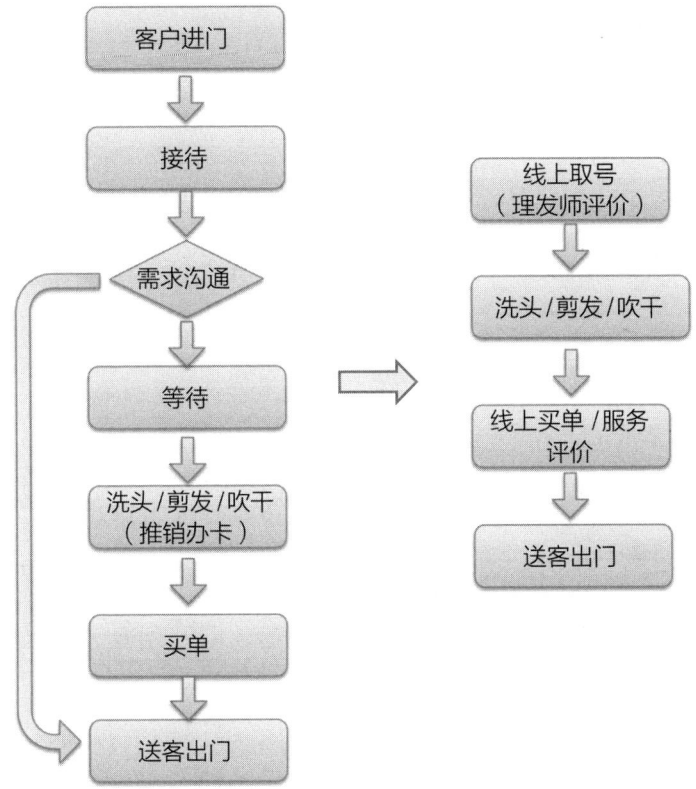

图2-2 传统理发店和Y理发店的流程设计对比

根据客户脸型研发新潮、好打理的发型，客户可自由选择理发师和发型。理发师线上展示，客户在线评价，实时展示评价结果。重视客户沟通，追求极致的剪发体验，每次沟通线上留痕。

四、从领导驱动到客户价值驱动

从客户价值出发，每家企业都可用客户价值驱动的流程型组织重构一遍，实现组织从领导驱动到客户价值驱动，从传统分工理论的科层式组织转变为客户价值驱动的流程型组织，实现组织运营驱动要素的转变（见表2-2），提升客户价值，提高组织效率，降低运营成本。

表2-2　组织运营驱动要素的转变

维　　度	科层式组织	流程型组织
侧重点	领导	客户
主要关系	命令	客户—供应商
导向	等级	流程
决策者	管理者	全员参与
风格	授权	参与

科层式组织是管理的基础，是流程执行落地的基石，流程是组织实现客户价值的过程保障，没有端到端的流程，科层式组织再好也是空架子。从科层式组织到流程型组织需要文化、流程、绩效上的一系列变革支撑。

- 文化：构建以客户为中心的文化，用文化统一思想和价值观，凝聚组织共识。文化上去"职能贵族"，确立"流程主权"，科层式组织的侧重点不是为客户服务，而是为职能上级领导服务，流程型组织的侧重点是为客户服务，让接受服务的人感到满意。为实现流程价值，组织需要改变文化。

- 流程：构造以客户为中心的流程型组织，立足客户价值，以持续提高组织绩效为目的。流程管理作为核心经营管理策略，推动科层式组织向流程型组织转变。在流程型组织中，运营管理围绕核心流程来组织，而不是围绕职能，实现了从职能管理到流程管理的转变。在流程型组织中，组织结构应适应流程的需要，组织结构变动是流程再造的结果之一。组织关注的焦点是客户价值，管理的焦点是流程。

- 绩效：绩效源于客户价值。管理流程绩效，要将部门绩效和流程绩效统一起来，让与客户直接打交道的员工有充分决策权去完成任务。将个人价值、团队价值、企业价值紧密结合在一起。科层式组织以活动、忠诚度、资历深浅决定绩效与报酬。流程型组织以业绩结果、客户价值创造、能力决定绩效与报酬。

第三章

效率：从频繁返工到一次做对

 轻松自测

是否需要学习"效率：从频繁返工到一次做对"？

请您检测一下，自身或工作环境中是否存在以下认知误区与问题？如存在，请您在左侧方框里画"√"。

- □ 规模越大，效率越低，发展陷入"阿喀琉斯之踵"。
- □ 都知道"天下武功，唯快不破"，但效率就是跟不上。
- □ 白天开会，晚上加班，消耗大量时间，产生了大量无效劳动。团队非常疲劳，却没有效果。
- □ 层层强压下效率指标还是起不来，问题依然不断涌现。
- □ 动作迟缓、反应迟钝，决策慢、行动慢，"起了大早却赶了晚集"，最后被竞争对手抢占先机。
- □ 错将审批当流程，业务推进层层审批，执行迟迟待命。
- □ 持续内耗下，用盲动代替执行力，团队陷入忙、盲、茫。
- □ 没有时间一次做对，却有很多时间返工。

答案：如果以上有3项及以上画"√"，那就需要认真阅读本章。

一、效率制胜："从规模经济到速度经济"

企业追求做大，做大了就有规模，规模扩大可以降低成本，带来规模经济。在市场瞬息万变、信息加速流转、边界不断被打破的经营环境下，速度大于规模，企业经营从规模经济到速度经济。钱德勒是速度经济的鼻祖，他认为"当管理协调比市场机制协调能带来更大的生产力、更低的成本和更高的利润时，现代的工商企业就会取代传统的小公司。当在新技术和扩大的市场经济生产与分配过程中能以空前速度提供产品或服务时，管理上有形的'手'就取代了市场力量无形的'手'。"从效益角度切入，每个组织追求的目标都是效益，实现效益目标的手段是效率和规模，三者之间的关系如下所示：

效益=效率×规模

- **规模和效率掣肘**：原有规模扩大总是带来效率降低，除非改变组织协同方式。
- **提高效率措施**：点效率——个体能力提升；线效率——流程优化重组；面效率——资源协同。
- **组织活力与效率**：组织活力看似降低效率，但活力对效率提升、氛围营造利大于弊。
- **机制与组织效率**：使命、愿景牵引组织方向，有效的机制是组织效率的核心驱动力。

"天下武功，唯快不破"。企业的竞争很大程度上是效率的竞争，抛开机制的影响，流程从根本上决定了效率。通过流程，让组织运营可重复、可预期、可持续改进、可信赖，持续提升组织运营效率。

二、流程："准、快、狠"提效

正确地做事是提升效率的前提，流程是组织做事的一套最佳方式。流程也对运营效率、经营效益起着决定性的作用，通过"准、快、狠"，实现流程提效。

1. 准——对准需求

首先对准客户需求。"先瞄准，再射击，而不是浪射。"谁是客户？客户需求是什么？例如，人才招聘的"客户"是用人部门，用人部门的人才需求应该成为招聘流程的起点，招聘满足人才需求的员工是流程的目标，对于人才需求的理解程度决定了能否"一次做对"，也决定了招聘流程的效率。不能"没有时间一次做对，却有很多时间返工"。反观很多部门，很少关注客户需求，"一直在赶路却忘了为什么而出发"，陷入"忙、盲、茫"，但效果并不好。

2. 快——压缩周期

在"准"的基础上实现"快"。流程端到端的时间要短，压缩流程端到端的时间表现为"增值活动效率要高""等待时间要少""不增值的活动要消除""审批节点要少""业务运作要扁平"。岗位和岗位与部门和部门要快速交棒、接力赛跑、无缝衔接、高效协同，形成"流水线"式的作业，流水线效率是最高的。

3. 狠——抓住关键

20%的关键活动决定了流程80%的绩效。对于关键价值创造活动要做深做透，并且持续进行价值挖掘。在关键活动上下"狠"功夫，如采购流程，其关键活动是供应商招标。那么供应商招标到底怎么做才能公开、公平、公正，才能获得更低的价格和更优质的产品与服务？在做深做透关键活动的同时，进行组织能力沉淀，提升效率。

三、案例：IBM效率提升——从7天到4小时

1. 效率低下的融资流程

IBM信贷公司向客户提供融资服务，流程工作时间长达2个星期，平均至少也要花费7天以上。从客户角度来看，流程效率太低，等待时间太长；从销

售代表角度来看，7天时间足可以让客户寻找到其他的融资来源，客户可能将贷款业务取消，寻找其他融资来源。在信贷业务办理过程中销售代表也会一再追问公司：信贷业务现在到了什么环节？什么时候能够审批完毕？公司内部却没有人能够回答这些问题。因为信贷业务在不同部门流转，各部门各管一段，具体在哪个环节，没有人特别清晰。IBM最初的融资服务流程如图3-1所示。

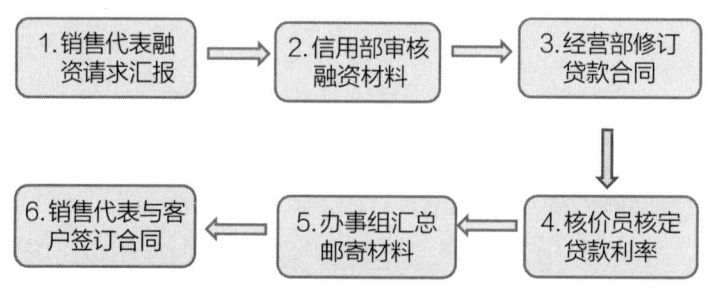

图3-1　IBM最初的融资服务流程

2. 更冗长的流程优化：控制台模式

为了改进融资服务流程，IBM尝试设立控制台的补救措施。在流程中间设立一个控制台，原先每个部门各管一段，处理完材料后就移交给整个流程的下一个部门。现在由控制台将材料发给某部门，该部门处理完成后再把材料送还给控制台，控制台工作人员在完成登记后，将该材料再次发出。这种模式解决了一个问题：控制台能随时了解业务目前在哪个环节，能回答销售代表的询问，但这种模式的效率更低，周期更长。控制台模式的融资服务流程如图3-2所示。

3. 流程型组织变革：提效4小时

为了彻底解决这个问题，IBM进行了深入调研，最终发现，处理融资申请材料的实际时间是90分钟，其余时间耗费在了材料在各部门的流转上。问题不在于任务或执行任务的人，而在于整个流程。流程变革后，综合办事员取代了信用审核员、核价员，由一名综合办事员办理核定材料全过程。综合办事员能否取代信用审核员、核价员？实践证明是可以的，原先流程设计基

第三章 效率：从频繁返工到一次做对

于根深蒂固的假设：每份融资申请材料都有其独特和难以处理的地方，因此需要信用部、经营部、核价员等专门人员办理。实际上，这个假设是错误的。大多数融资申请材料简单明了，既不复杂也不难办理。通过变革，处理融资申请材料的时间从7天减少到4小时，从事信贷工作的人员也减少了，交易笔数却增加数十倍。变革后的融资服务流程如图3-3所示。

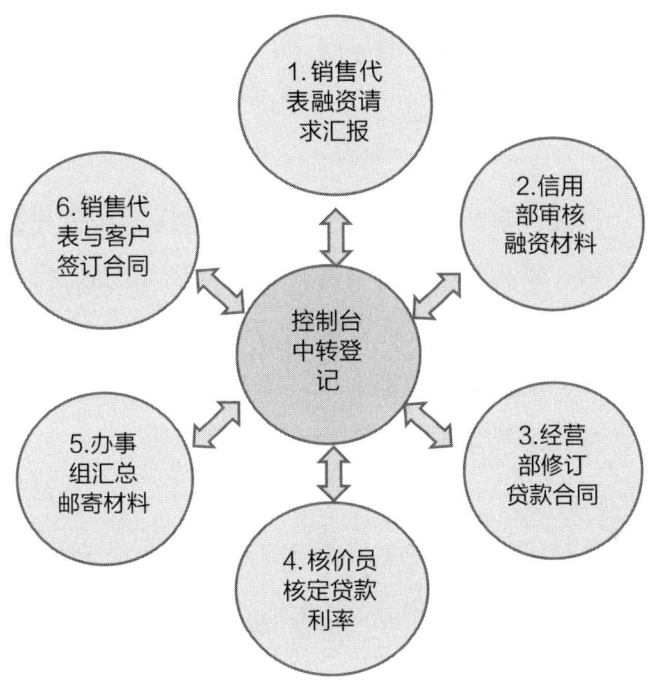

图3-2 控制台模式的融资服务流程

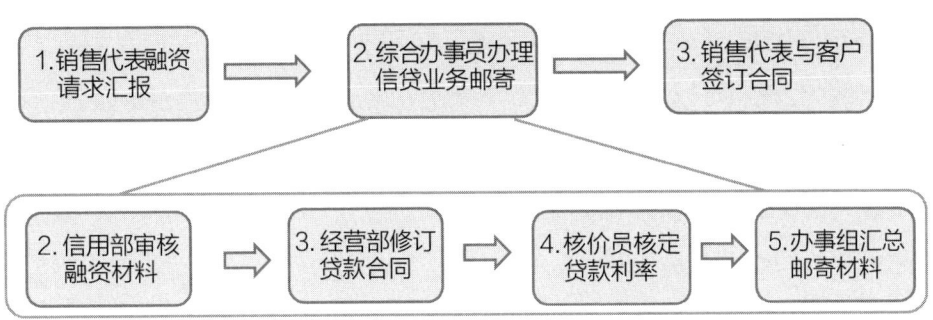

图3-3 变革后的融资服务流程

在信贷业务流程变革中，问题并不是怎样去改进融资报价的计算方法，怎样去提高审核客户信用的工作效率，而是怎样去改进审核客户信用这项工作的流程，从局部到全局，从点到线，从部门到客户，从内部到外部。最终，IBM实现了效率提升、客户体验提升、运营成本降低。

四、提效抓手：三层面"一次做对"

向管理要效益的根本是向流程要效率，效率最终会体现为效益。流程管理从"三个层面"提升效率。

1. 公司层面

战略规划—经营计划—年度重点工作—预算管理—绩效考核—激励整体拉通，在时间节点、输入与输出、数据、信息上形成贯通与闭环，构成公司一体化大运营体系，沉淀为战略运营流程，建立公司运营管理主航道，提升公司层面运营效率，让组织做正确的事，正确地做事。推进经营与管理、战略目标与组织能力的动态均衡。

2. 业务层面

从业务主价值链出发，形成主价值链的流程贯通，沿着主流程构建组织能力。例如，某项目型公司从线索、机会点、项目立项、投标、合同签订、方案设计、采购、生产、交付到回款全价值流主流程拉通，围绕主流程的卡点、堵点、问题点进行持续优化，提升效率，加快价值流速。

3. 个体层面

以绩效为核心，提高个体的工作绩效。通过局部业务场景端到端标准化推进岗位作业标准化，包含岗位输入、作业指导、输出的标准化。通过岗位衔接接口的标准化与简单化促进跨岗位快速协同。通过作业标准化、接口简单化提升协同效率与输出质量，推进岗位个人能力与工作职责匹配，提升过程"一次做对"的复制能力。

第四章

组织：从职能型到流程型

 轻松自测

是否需要学习"组织：从职能型到流程型"？

请您检测一下，自身或工作环境中是否存在以下认知误区与问题？如存在，请您在左侧方框里画"√"。

☐ 伴随规模发展，分工不断细化，层级不断增加，组织患上"大企业病"。

☐ 职能分工下，管理成本居高不下，组织面临如何重新聚合与扁平一体化。

☐ 组织架构庞大，决策远离市场与客户，感觉没做错什么，结果却输了。

☐ 组织架构频繁调整，但跟不上市场和客户变化，问题依然未得到解决。

☐ 官大一级压死人，山头林立，官僚主义盛行。

☐ 先有流程还是先有组织，总是很纠结。

☐ 是流程牵引组织，还是组织决定流程，各有各的理。

☐ 业务运营更多的是人找人、人找事，最终人浮于事。

答案： 如果以上有3项及以上画"√"，那就需要认真阅读本章。

一、职能型组织"内分泌失调"

管理模式基于分工理论发展演变,从集体作坊到劳动分工、职能分工,都源于分工理论,分工驱动专业化,专业化提升效率并形成职能型组织。职能型组织是按照活动相似性进行资源组织,将从事相同或相近活动的人组织在一个部门,部门成员在工作中所需技能相近。管理模式发展驱动组织演进,如图4-1所示。在组织规模不断扩张的背景下,为追求更好的一体化协同、更高的资源利用率、更优的治理与授权,组织形态从直线制、职能制、事业部制到矩阵式、平台式不断演进。组织演进的本质都是围绕价值创造流程不断提升组织效能,更快、更高效、更好地为客户创造价值。

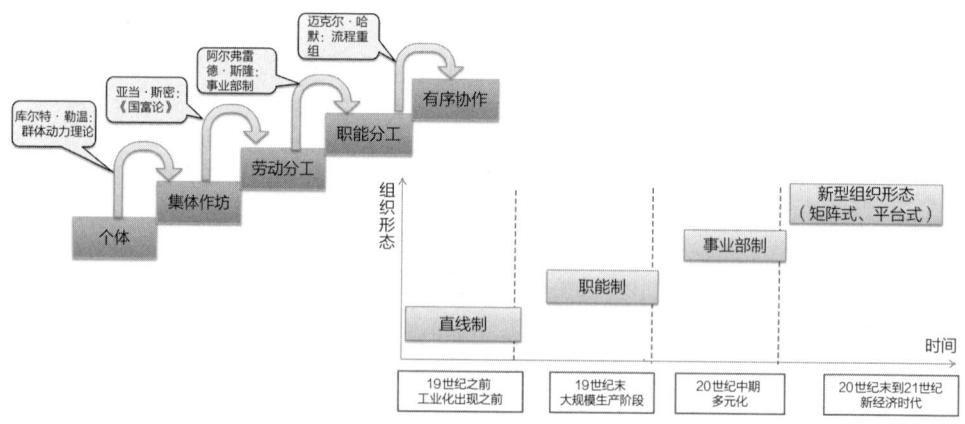

图4-1 管理模式发展驱动组织演进

但是,分工理论下的职能型组织又产生协同难题。在职能型组织中,客户价值被"割裂",价值创造过程被"分割"。

- "内分泌失调":分工过细,内耗大;动作迟缓,反应迟钝;决策慢,行动慢;执行力低下,效率低,成本高,患上"大企业病"。
- 部门墙:各部门"只扫自家门前雪,不管他人瓦上霜",没人对最终结果负责。
- 技能单一:员工适应性差,技能单一;命令大于客户价值,管控大于赋能,控制大于激励。

专业职能需要用流程重新聚合在一起，实现分工组织重新聚合、一体化协同运作。这样既能发挥专业分工的效率，又能弥补专业分工的缺陷。

二、流程型组织实现协同一体化

流程将传统分工理论下的职能型组织重新聚合，面向客户创造价值。流程是组织的动态演绎，流程牵引组织，流程与组织越自洽，业务运行越顺畅，效率也越高。流程在组织中运作不"拐弯抹角"，沿着客户价值拉直，组织职责分工协调成本最低。流水线效率是最高的，流水线就是流程型组织。战略规划决定商业模式，商业模式确立价值主张，价值主张牵引流程设计，流程决定组织设计。

1. 流程型组织与职能型组织

流程型组织是相对职能型组织而言的。传统职能型组织以职能部门、组织层级来分配权力，管理的对象是人，是封闭的；流程型组织以流程来分配权力，管理的对象是事，是开放的。流程型组织与职能型组织的对比如表4-1所示。

表4-1　流程型组织与职能型组织的对比

维　度	流程型组织	职能型组织
工作方式	有明确的标准和流程，按部就班工作	缺少流程和标准，靠领导指派、会议协调
责任机制	人管事，个人对流程结果负责、对客户负责	人管人，个人不对工作负责，对领导负责
管理者功能	管理系统的设计师，处理重大和例外事项	流程中的关键环节，繁杂事务缠身
绩效评价	依据个人在流程中工作完成情况进行评价	个人工作内容不足，靠领导打分或民主测评打分
组织形态	扁平化的组织结构，管理成本比较低	金字塔式的组织结构，管理成本很高
核心竞争力	个人能力要求低，流程和标准是核心竞争力	个人能力要求高，部分能人是核心竞争力

续表

维　度	流程型组织	职能型组织
运营效果	价值链协同，高效运营，产品和服务质量稳定	部门分立，协同不畅，产品服务质量不稳定
市场表现	面对市场变化和客户需求快速响应	面对市场变化和客户需求响应速度慢

2. 流程型组织中的"流程"

流程型组织中的"流程"是业务本质，是真实、客观存在的"业务流"，是基于业务本质构建的底层逻辑。依据"流程"构建的组织就是流程型组织。流程型组织中的"流程"是对抗职能的，是客户价值的有机集成，具有横向扁平的特征，描述了客户需求是什么，以及怎么简洁、高效、便宜地实现客户需求；不是内部组织行为规范，不是内部特征，不是官僚主义，不是设卡设防，并最终以"流程"分配责任、权力、资源，这是流程型组织中的"流程"。

3. 流程型组织中的"组织"

"组织"是通过流程去拉通的，用组织去适配"流程"，适配出来的组织是精简的、扁平的、集成客户价值的高效组织，组织中各专业职能无缝衔接、高度融合、充分协同。客户需求精准传递，客户价值能在组织中贯穿始终，迅速、准确地实现，客户价值实现过程不被"组织"割裂，最终高效满足客户需求。流程型组织中的"组织"如图4-2所示。

三、案例：流程型组织"铁三角"的起源与发展

1. "铁三角"的起源

2006年苏丹电信招投标，在只有一家竞争对手的情况下，华为败走麦城，经过分析发现主要存在以下问题。

- 客户经理在前端掌握的信息无法快速传递到后端，部门各自为政，沟通不畅，信息不共享。

第四章 组织：从职能型到流程型

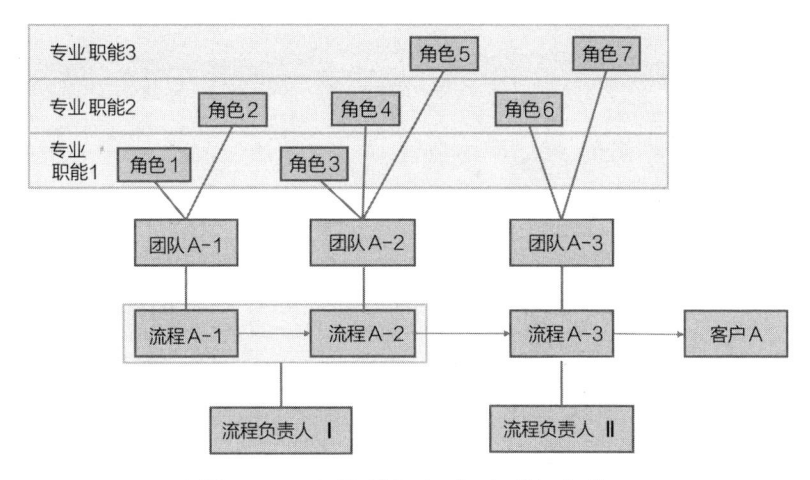

图4-2 流程型组织中的"组织"

- 客户接口涉及多个部门人员，关系复杂，对客户承诺不一致。
- 每个人只关心自己负责领域的"一亩三分地"，进而导致产品解决方案完全不符合客户需求，交付能力也让客户极度不满。被动响应客户需求，难以主动把握客户深层次的需求。

为彻底解决这些问题，华为苏丹代表处形成了一个客户经理、一个解决方案经理、一个交付经理，三个人同时负责一个客户群的模式。

- 客户经理的使命就是搞定客户关系。
- 解决方案经理的使命就是提供让客户无法拒绝的产品解决方案，如性价比最优。
- 交付经理的使命就是兑现承诺，让客户放心，确保交付成功。

"铁三角"从客户需求、商业合作关系确定、解决方案设计实现、解决方案交付到端到端管理实现客户价值，全过程关注客户界面管理，以项目为单元牵引流程型组织拉通，通过组织适配业务流程，通过"铁三角"很好地实现管理项目、管理客户需求、管理客户关系、管理客户满意度，实现公司和客户价值统一。"铁三角"在客户方代表公司，实现公司的经营目标和挖掘新的商业机会，在公司代表客户，帮助客户实现商业成功，保证合作过程的顺畅平滑。

2."铁三角"的发展

"铁三角"就是很好的"流程型组织",围绕客户需求和客户价值构建以"铁三角"为核心的、灵活的市场作战组织架构,形成大平台、小前端的管理模式,如图4-3所示。

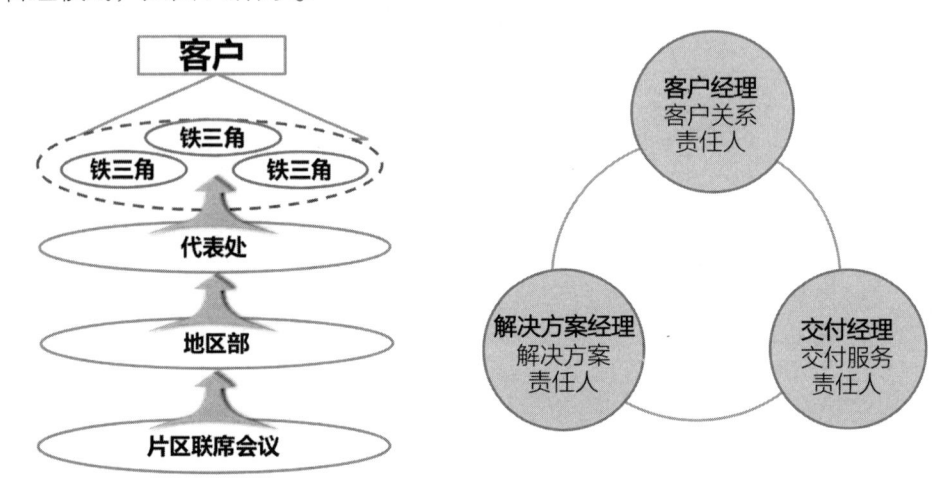

图4-3 "铁三角"组织

客户经理:职责是确保客户满意,建立良好的客户关系。

解决方案经理:职责是确保提供满足客户需求的有竞争力的解决方案。

交付经理:职责是保障合同成功履行,负责客户对合同履行的满意度。

小前端——蛇头:强化专业牵引,构建高、精、专的客户界面团队"铁三角",通过"铁三角"梳理权力边界,明确作战条例,清晰授权、授责。一线组织形态围绕业务灵活配置,规模弹性管理,体现灵活性和自适应性,完善项目型组织的配套管理机制和方法。

大平台——蛇身:建设重大项目部、解决方案"重装旅"、项目交付管理等公司级战略预备队,形成"召之即来、来之能战、战之必胜"的专家队伍。强化地区部作战能力平台作用,在区域建立全球解决方案能力中心,完善资源调配机制,加强专业能力和知识共享,加强地区部人力资源平台建设。支撑组织、人才、激励等相关政策围绕区域战略执行得以及时有效制定、落实。加强代表处经营平台建设，深化LTC（Leads to Cash，销售流程）、IFS（Integrated Finance Service，财经流程）在一线落地和集成。

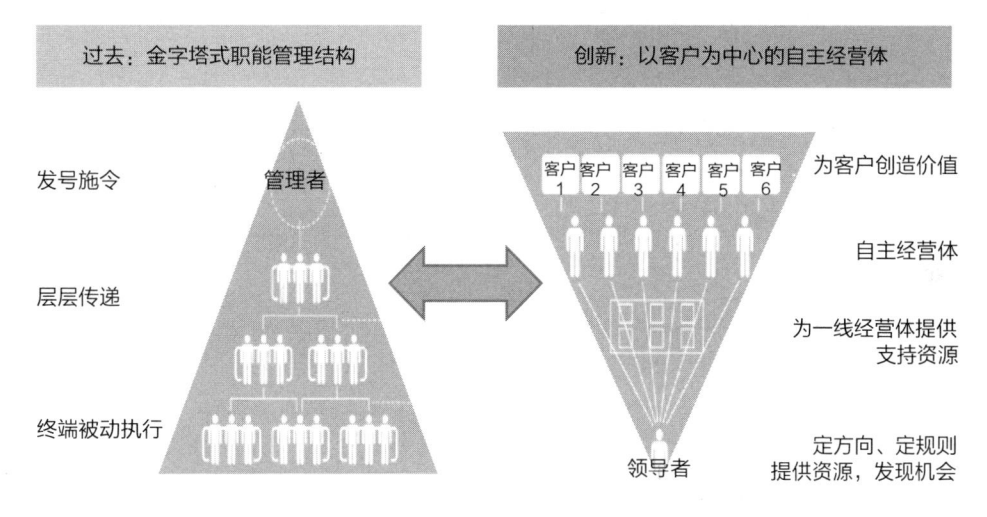

四、以客户为中心的流程型组织变革

1. 流程型组织变革的原则

所有组织都应该来一场以客户为中心的流程型组织变革，按活动的相关性，将从事相关活动的人组合在一起构成流程型群体，更好地服务客户、创造价值。以客户为中心的流程型组织变革如图4-4所示。

图4-4　以客户为中心的流程型组织变革

流程型组织变革从以下原则出发。

- 以客户为中心：企业目的是为客户创造价值，组织架构是面向客户价值的资源组织方式，虽然业务规模不断发展，组织不断成长，但围绕客户设置的原则始终不变，组织设置不断贴近客户，更好地理解客户需求，更高频地实现客户价值。

- 提升经营效益：实现效益的手段包括效率和规模，效益=效率×规模，组织规模扩大总是带来效率降低，除非改变组织协同方式，所以需要组织变革。效率提升的方式：点上效率的能力提升，线上效率的流程优化重组，面上效率的资源协同。
- 流程牵引组织：流程确定价值创造的角色，组织承载角色，流程牵引组织，组织适配流程才能高效运作。最高效的组织是"流水线"式的任务作业，即流程型组织。
- 经营责任下沉：流程型组织变革要划小经营单元，更好地下沉经营责任。业务运作在经营单元内构成闭环，敏捷响应市场和客户需求。

2. 流程型组织变革的转变

以客户为中心的流程型组织变革提升组织效能，实现组织从领导驱动型到客户价值驱动型，流程与组织相辅相成。流程型组织变革重塑组织责、权、利、能，实现责任下放、权力下移、数据上移、利益共享，打破科层式组织运作的弊端，实现落责任、授权力、长能力、强决策、分利益五维转型升级。

- **落责任，责任在老板vs责任在经营体**：为客户创造价值是整个流程型组织的核心责任。经营责任下沉，下沉到一线客户界面，形成面向客户的价值创造的独立经营体。
- **授权力，权力在老板vs权力在经营体**：流程型组织改变资源配置和权力分配，不以权威人物的权力为基础实施高压，以流程责任来分配权力。权力和责任匹配，人权、财权、事权向一线经营体倾斜。
- **长能力，能力老板最强vs能力更有所长**：流程型组织中前台面向客户独立经营，前台强调综合化，后台强调专业化，后台转型为监管与赋能，综合各类要素能力，在"赛马"中培养人才，发展人才，加速能力成长。

- **强决策，拍脑袋做决策vs基于事实做决策**：流程型组织基于战略、价值、事实做决策，将工作中的决策权下放到参与业务的业务团队中去，让与客户直接打交道的员工有充分的决策权完成任务；将个人价值与团队价值、企业价值紧密结合在一起；重塑企业价值观、企业文化和协作方式，对事不对人。
- **分利益，利益是老板分vs利益是自己挣**：流程型组织中的经营体独立核算，管理经营体效益，并且将流程绩效与经营体效益统一起来，将职能条线目标与经营目标统一起来，基于独立核算进行价值分配，实现多劳多得，利益是自己挣的。

第五章

能力：从个人隐性到组织显性

✎ 轻松自测

> **是否需要学习"能力：从个人隐性到组织显性"？**
>
> 请您检测一下，自身或工作环境中是否存在以下认知误区与问题？如存在，请您在左侧方框里画"√"。
>
> □ 组织对个人能力要求高，少数能人是核心竞争力。
>
> □ 知识经验未能显性化，迟迟未构建起"铁打的营盘"。
>
> □ 做了很多培训，人才依然无法成长，组织能力还是无法提升。
>
> □ 资源跟人走，人走了，能力也流失了，难沉淀。
>
> □ 员工技能单一，缺乏平台支撑，人才难培养，新人成长慢。
>
> □ 业务过程因人而异，不同人做法不一样，不断地重新发明"轮子"。
>
> □ 游击队式作战，作业不规范，产品和服务质量稳定性差。
>
> □ 业务痕迹难再现，过程难复制，成功是偶然的，无法成为必然。
>
> **答案**：如果以上有3项及以上画"√"，那就需要认真阅读本章。

一、组织能力是流程的函数

经营环境不断变化，竞争不断加剧，每家企业都需持续提升组织能力才能立于不败之地。组织能力建设要找准关键点，应用正确方法才能成功。组织能力建设也有很多理论，比较经典的是"杨三角"。"杨三角"将"员工能力、员工思维、员工治理"视为组织能力的三个组成部分，缺一不可，如图5-1所示。

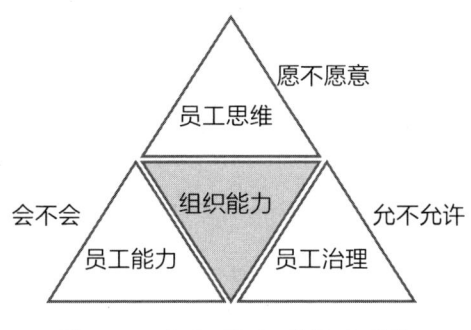

图5-1 组织能力"杨三角"

- 员工能力：员工必须具备基本能力和潜在的发展空间。如果创新是企业的组织能力之一，员工必须具备创新、敢于质疑权威的勇气和持续学习的能力。如果组织能力被定义为追求低成本，员工就得具备吃苦耐劳、超强的执行力等素质。

- 员工思维：企业需要统一员工思想，用文化、核心理念等价值观以及相应的管理策略来引领员工，让他们能够重视、关心和追求企业所需要的能力。

- 员工治理：建立合理的组织架构来支持战略，平衡分权和集权，并最大限度地利用资源，设计平台的管理流程，以及构建适当的系统来支持管理流程。

"杨三角"认为，要想组织能力足够强大，员工能力、员工思维、员工治理的投入和发展必须平衡。但是，员工能力、员工思维、员工治理的主体对象是员工，组织能力首先是"组织"的能力，"杨三角"更多站在个人视角来谈组织能力。

企业对外拼的是整体性，是一系列客户价值创造活动的集成，客户价值创造活动的成功概率越高，可重复性和可再现性越高，则组织能力越强。例如，创新是一项组织能力，某公司开发新产品十款成功八款，并且新产品开发过程可重复、可再现、可持续，则该公司创新能力强。显然，这是由业务流程决定的，业务流程导向成功，降低对能人的依赖，实现可复制、可再现，并且将各项能力因子串联成整体链路。所以，流程是组织能力的基石，是组织能力建设的核心抓手，组织能力应该是流程的函数。

$$组织能力 = f（流程）$$

二、"流程四化"构建组织能力

1. "标准化"夯实组织能力

流程通过标准化让业务过程逼近合理，推动业务效率、质量、成本、风控的改进，夯实组织的复制能力。流程中的活动、活动的先后顺序、逻辑关系、输入、输出都是标准化的。例如，合同签订有标准的合同模板，界定了商务条款和付款条件，降低了对个人能力的要求。标准也只有固化到流程中，才能起到指引业务的作用，并且标准最终需固化到IT系统中，通过系统固化"封装"让标准落地。流程通过持续优化成为组织最佳的做事方式，形成公司的管理平台，平台使个人能力水涨船高，并具备可复制性，降低对能人的依赖。例如，岗位工作输入与输出、协同接口、参考指引都已标准化，这对新员工或者经验不足的员工来说是很好的基础，通过流程实现知识经验的传承，在流程的基础上不断"复制人"，支撑组织能力和组织成功复制能力的提升。

2. "经验显性化"沉淀组织能力

组织能力和个体能力是相对应的一个概念，个体能力是指依赖组织中某个个体而存在的能力，这种能力大多以潜在的形式而非显性的形式存在，不易于传播和复制，如果此个体离开组织，组织就会失去这种能力。组织能力是指组织所具有的、非依赖于任何个体而存在的能力，这种能力以显性的形式而非潜在的形式存在，能够容易地被学习、传播和复制。通过流程管理，将隐性知识显性化，实现个人能力到组织能力的转变，实现组织能力的持续沉淀。

3."集成化"聚合组织能力

流程是"多标合一"管理体系，是场景化经验、最佳实践做法、深入人心的标准、成熟落地的制度，源于实践作业要点的集成。基于流程管理，才能实现一套体系、一套数据，实现聚合效应。流程在汇集知识和经验的同时，集成了协作，统一了思想，形成了组织能力。在流程中界定不同的岗位，明确不同的岗位活动、输入、输出、时效，厘清逻辑关系。流程聚合各个专业能力，面向客户进行整体性协同，形成组织合力，聚合组织能力。

4."持续优化"升级组织能力

流程持续优化推动组织能力升级。组织运营效率通过可再现性、可重复性二维指标支撑，如图5-2所示。流程管理让组织运营可再现、可重复，让组织能力可测量、可评价、可持续改进。通过观测，识别组织能力短板，导出流程优化需求，围绕流程绩效进行持续改进，这个过程提升了组织能力。

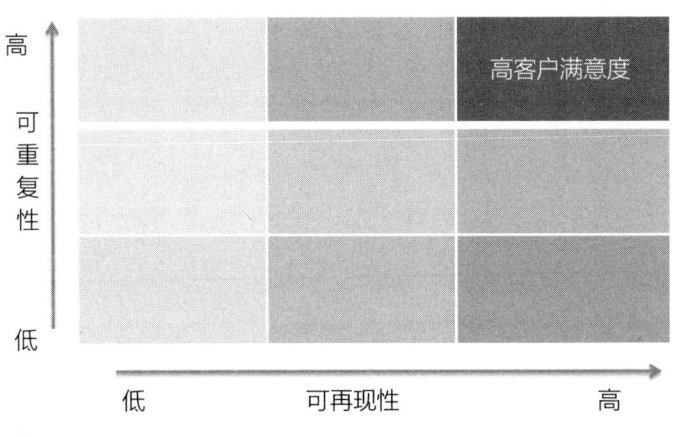

图5-2 组织运营效率的二维指标

三、案例：标准化让组织能力"水涨船高"

1. 背景

某全球化集团下属成员公司主营旅客登机桥、自动停车系统等产品与服务，经过20余年的发展，占据中国登机桥市场80%、世界登机桥市场40%左右的份额。登机桥产品已经销售到30多个国家的50多个机场，累计架设700多个登机桥。面向全球市场，产品变量多种多样，管理难度极大，每年需完成100多个项目，按期交付客户满意的订单是公司研发和运营团队面临的重大挑战。公司交期、质量、成本挑战如图5-3所示。持续提升效率和效益是公司实现高附加值成长的重要课题。

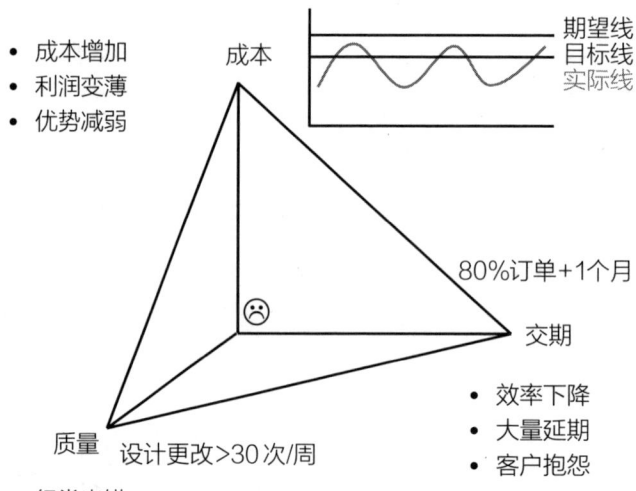

- 成本增加
- 利润变薄
- 优势减弱

成本

期望线
目标线
实际线

80%订单+1个月

交期
- 效率下降
- 大量延期
- 客户抱怨

质量　设计更改>30次/周
- 经常出错
- 大量返工
- 客户抱怨

图5-3　公司交期、质量、成本挑战

- **交期挑战**：80%左右的登机桥项目交付延期1个月以上，新产品上市延期也较普遍。

- **质量挑战**：在交付的产品中经常性地出现质量问题，并且80%以上是重复出现的简单的质量问题，如图纸设计问题、软件版本管理问题等。这些问题的反复出现延长了项目的交付周期，影响了客户的满意度，增加了公司的成本。

- 成本挑战：人员成本和维护成本高于预期，影响公司的利润率。

2. 行动

从技术和管理两个维度采取行动。技术上推行设计标准化，展开层次逻辑包含技术要素重用化、零部件/原材料归一化、功能模块化、开发平台化、产品系列化。管理上推行流程标准化，以标准化设计为牵引推进标准化营销、标准化采购、标准化制造、标准化运维。标准化营销——标准化营销菜单设计、标准化报价系统建立、优化需求转化机制；标准化采购——标准化采购策略制定、标准化供应商管理、标准化物料切换；标准化制造——标准化制造工艺设计、标准化生产管理、标准化质量控制；标准化运维——标准化安装、标准化服务、标准化备件管理。通过运营流程体系再造（见图5-4），重塑公司运营模式。

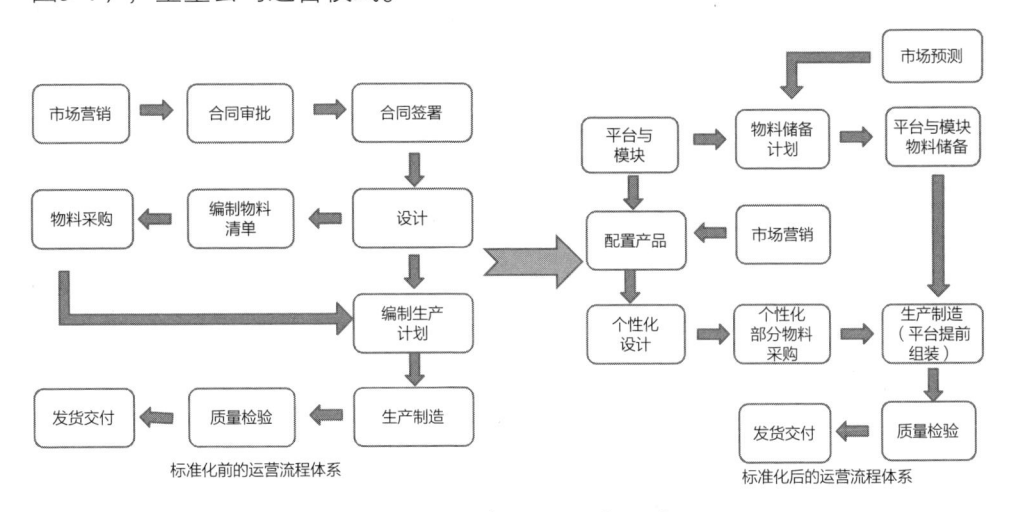

图5-4 运营流程体系再造

3. 成效

通过技术和管理上的标准化再造，公司的整体效益得到了改善，组织能力得到了提升。效益改善表现为：效率提高约40%，制造费降低超过20%，质量提高约50%，研发人均产值增加约90%，产品线年产值增长超过40%，研发人均薪酬增长约20%，并且新产品可能带来加速增长。组织能力累积，形成了技术平台、信息平台、管理平台，固化了组织能力，新员工可以很快进行产品设计等相关工作，人员能力"水涨船高"，也更好地激发了内部团队的创造力，如图5-5所示。

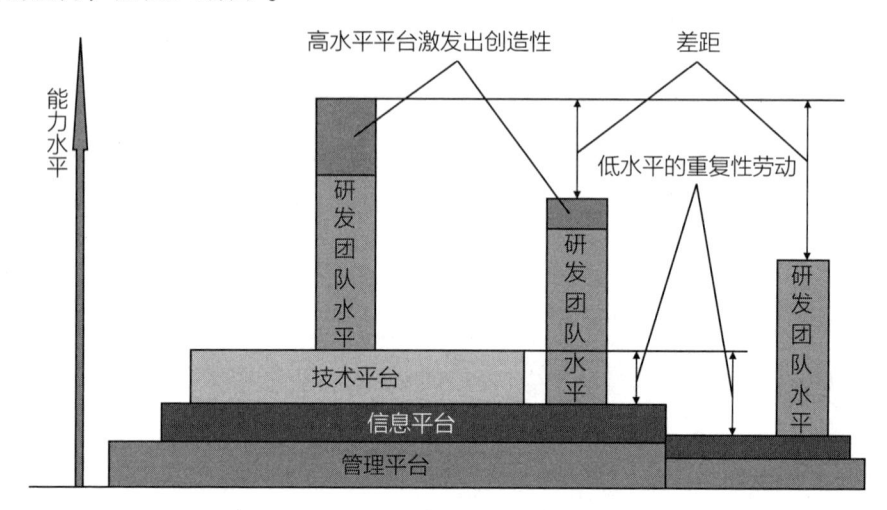

图5-5　平台让人员能力"水涨船高"

四、"铁打的流程营盘"将能力建立在组织上

"铁打的营盘流水的兵"，围绕流程这个"铁打的营盘"，建立不依赖个体的组织能力，将能力建立在组织上。让最优秀的人制定最好的流程，让最好的流程培养更优秀的人，让更优秀的人优化更好的流程，使流程和组织能力螺旋上升。

1. 构建"铁打的流程营盘"

承接战略核心思想，构建业务主价值链，形成管理平台。流程管理平台是经验沉淀的工具，是无形的知识和经验累积的架构，是组织能力的重要载体。构建"铁打的流程营盘"，降低"流水的兵"对组织能力的影响。华为流程管理做得好，形成了组织能力，管住了过程，所以能实现好的结果。

2. 管理要素能力

基于战略、业务价值、关键流程分析要素能力，围绕要素能力定义核心人才、盘点核心人才、培养与认证核心人才、考核与激励核心人才。打造围绕组织能力的人才梯队，支撑业务发展，提升核心人才的厚度和密度，提升组织人力资源管理效能。

3. 补齐短板能力

通过战略管理、差距分析，识别能力短板，通过人才引进、机制优化、流程优化补齐能力短板，也将长板发挥到极致，持续提升组织能力。

第六章

链接：从段到段到端到端

✏️ 轻松自测

是否需要学习"链接：从段到段到端到端"？

请您检测一下，自身或工作环境中是否存在以下认知误区与问题？如存在，请您在左侧方框里画"√"。

☐ 缺乏全局架构，流程越来越多，管理越来越乱。

☐ 随需而变，缺乏管理主航道，业务运营陷入混沌状态。

☐ 工作接口断开或重叠，业务运营"肠梗阻"。

☐ 关注局部过程而不关注最终结果，无法"以终为始"去贯通。

☐ 问题导向下的应急式"临时抱佛脚"响应，解决问题总是"按下葫芦浮起瓢"。

☐ "铁路警察，各管一段"，而且还到处"断"，业务行车前进很困难。

☐ 流程从本部门开始到本部门结束，很难和外部"握手"，都在"体内循环"。

☐ 数据质量差，数据规则难明确界定，数据治理难度大。

答案：如果以上有3项及以上画"√"，那就需要认真阅读本章。

一、谋一域"段到段",丧全局"端到端"

"百年未有之大变局"下,唯一确定的就是我们处在一个前所未有的不确定性时代,在前所未有的不确定性时代变革对企业生存发展至关重要。变革体现在链接上,只有链接,才能有更快的信息流速、更快的变化响应、更好的环境适应能力。链接具体表现在更好地链接外部环境、更好地链接客户的变化、更好地链接产业合作伙伴、更好地链接组织内部资源。从产业、客户、企业视角来看,链接就是端到端的流程管理能力,但很多企业链接断开、脱钩,是割据式段到段,导致整体断点。产生此现象的具体原因如下。

1. 缺乏全局视角而"一叶障目"

缺乏客户思维、全局视角和产业视角,只看到部门、岗位。不清楚企业在产业中的位置,不清楚部门在企业中的位置,不清楚岗位在部门中的位置,不清楚活动在全局架构中的位置,不清楚流程上游和下游是哪一段,不清楚输入是什么,不清楚标准是什么,不清楚业务活动对客户的价值是什么,不清楚需要与相关岗位、部门如何协同。最终表现为信息碎片、活动断点、流程段到段。

2. 缺乏目标协同而"各自为政"

缺乏目标协同,每个部门和岗位都有自己的重点工作,管好自己的重点工作就可以了。例如,采购部门的工作是做采购,做好采购的工作就可以了。其实做好采购的前提是要参与产品研发过程。产品研发过程元器件通用性与做好采购紧密相关,元器件通用性越高,采购周期越短,采购量越大,采购成本越低。缺乏目标协同,相关性就难建立。"各自为政"下每个职能条线都绷得很直,但业务活动更多是在职能体系内完成内循环,未能实现周边相关性建立,未能实现流程拉通。

3. 缺乏利益一致而"各管一段"

利益共同体才能行为一致,但很多企业的绩效体系都缺乏"左右互锁",绩效体系在纵向体系内分解、承接,缺乏横向的互锁,缺乏利益共享、业绩共担。人性都是趋利避害的，"只扫自家门前雪，不管他人瓦上霜"，导致各管一段。

二、端到端本质

端到端以终为始，实现全链路贯通，集成客户价值一体化运作。端到端具体表现在流程架构、主流程、子流程三个层面。

1. 流程架构

端到端第一个端是开始端，第二个端是结束端，端到端是从客户需求开始到客户满意结束。整个流程体系实现面向客户的闭环，组织以客户为中心运作。流程架构总结好的经验与实践并不断改进，承载业务管控要求。流程架构的端到端以客户为中心，从价值流视角、能力视角对业务进行结构化、端到端描述，如图6-1所示。

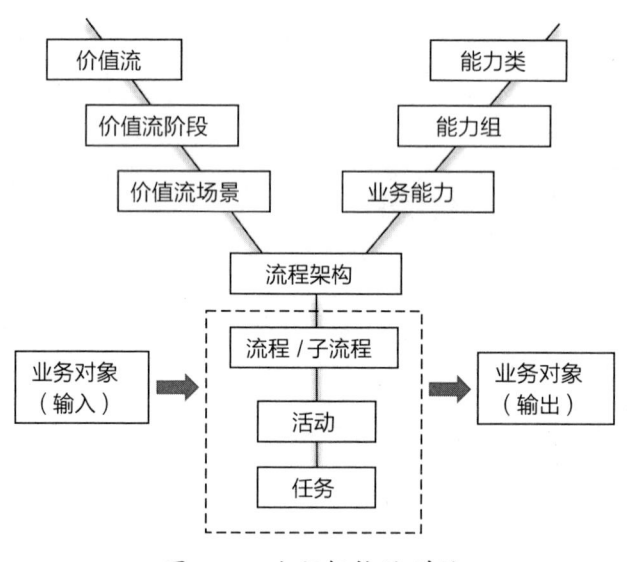

图6-1 流程架构端到端

2. 主流程

端到端也叫"E2E"（End-to-End），即从上一阶段的输出到下一阶段输入。端到端实现流程贯通，避免段到段式的割裂。以新产品开发流程为例，在新产品开发主流程中包含概念、计划、开发、验证、发布、生命周期六个阶段,通过阶段划分明确各阶段的交付物,通过阶段—关口把控各阶段的交付物质量,实现端到端贯通。新产品开发主流程端到端如表6-1所示。

表6-1 新产品开发主流程端到端

阶段	目标	输入	输出
概念	对产品机会总体吸引力及是否符合公司总体战略做出快速评估	项目任务书、产品策略/路标、组合分析结果	初步的商业计划、端到端概要项目计划、产品包需求、设计需求和产品概念、概念决策评审材料
计划	定义产品,制订项目计划	初步的商业计划、端到端概要项目计划、产品包需求、设计需求和产品概念、概念决策评审材料	最终商业计划、项目合同、产品规格、端到端的详细项目计划、生命周期计划、早期客户清单
开发	开发产品包	最终商业计划、项目合同、产品规格、端到端的详细项目计划、生命周期计划、早期客户清单	可供Beta验证的产品包、详细的产品发布计划、Beta测试地点/客户选择、配置器开发
验证	验证产品,发布最终的产品规格及相关文档	可供Beta验证的产品包、详细的产品发布计划、Beta测试地点/客户选择、配置器开发	最终上市产品、制造能力及产量计划、最终的产品发布计划
发布	发布产品,具备量产能力	最终上市产品、制造能力及产量计划、最终的产品发布计划	量产准备就绪、产品上市
生命周期	最大化生命周期利益	量产准备就绪、产品上市	生命周期经营分析、产品退市

3. 子流程

业务场景端到端拉通,从价值和客户出发设计流程,也就是以终为始,这个"终"是业务场景下游客户的"客户需求"。流程是从"客户需求"开始的,而不是从内部开始的。能够更快、更好、更省地实现客户需求的流程就是好的流程。这也说明流程包含"输入、活动、活动关系、输出、价值、客户"六个要素。很多企业的管理者推动流程优化，按从左往右的顺序进行，先看流程的输入，最后看流程的输出，价值和客户可能根本不提，结果越看越觉得在用的流程图合理。首先应该问"这个流程最终是为谁服务的"，弄清这个问题才能设计出合理的流程，很多流程专业人员没有思考过这个问题。

三、案例："段到段"到"端到端"变革

1. "段到段"症结

某工程建设公司业务流程是"段到段"的，以部门为导向，流程是一段一段的，如图6-2所示。活动输出后进行审批，审批固化在OA系统中，审批节点多，业务效率低，整体流程多，流程架构复杂。在"段到段"流程中，流程从部门内部开始到部门内部结束。"段到段"流程存在以下症结。

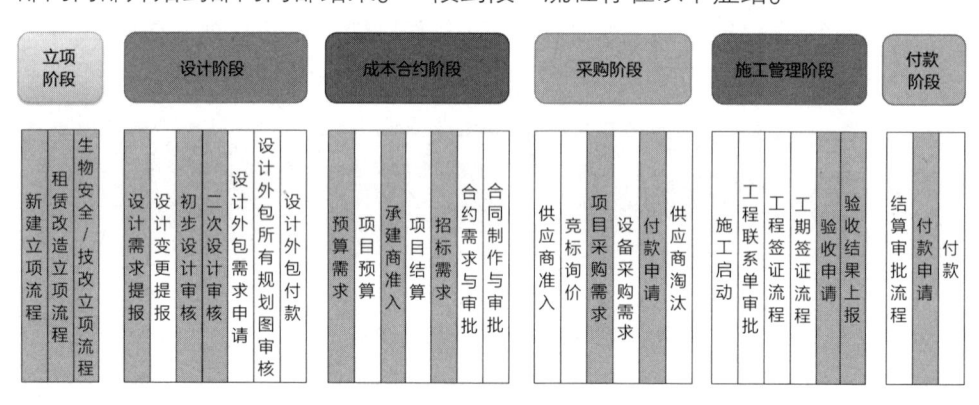

立项阶段	设计阶段	成本合约阶段	采购阶段	施工管理阶段	付款阶段
新建立项流程 / 租赁改造立项流程 / 生物安全技改立项流程	设计需求提报 / 初步设计审核 / 二次设计审核 / 设计变更审核 / 设计外包所有规划图审核 / 设计外包需求申请 / 设计外包付款	预算需求 / 项目预算 / 项目结算 / 承建商准入 / 招标需求 / 合约制作与审批 / 合同结算与审批	供应商询价 / 竞标询价 / 设备采购需求 / 付款采购申请 / 供应商淘汰	施工启动 / 工程联系单审批 / 工程签证流程 / 工期签证申请 / 验收申请 / 验收结果上报	结算审批流程 / 付款申请 / 付款

图6-2 "段到段"流程

1）症结———反向溯源确认需求

设计阶段进行设计需求提报审批，成本合约阶段确认预算需求（发起预算需求审批）、招标需求（发起招标需求审批），采购阶段确认设备采购需求（发起采购需求计划审批）。跨部门协同依赖需求的重新审批，不是需求的分配与分发，不是任务"流水线"式传递，业务运行效率低、周期长，需求可能出现错误，导致重复返工。

2）症结二——审批流审批节点多

工程建设全程审批流50个以上，平均审批节点6个以上，审批次数300次以上（如果一天通过审批节点3个，将有100天处于审批状态）。审批流在"征询领导同意"，于纵向组织中逐级缓慢爬坡"审批"，审批未结案前执行层处于"待命"状态。审批过多导致中层管理者逃避责任，影响管理责任落实，影响业务效率、质量。

3）症结三——各管一段未拉通

各部门执行本部门审批流，审批通过后"各自为战"。组织协同靠"刷脸式"人际沟通，而不是依赖业务流程的链接，影响价值流速。业务信息流频繁"断点"，导致问题频发，协同无法得到组织级流程保障。

4）症结四——没人对项目最终结果负责

项目缺乏最终负责人，职能式审批流是对领导呈报，对组织层级负责，不是对项目的最终结果负责，不是对客户负责。"段到段"流程是管理中心化而不是客户中心化，出了问题就各部门扯皮、推诿，业务绩效难以保障。

2. "端到端"流程变革

"端到端"流程变革解决"段到段"流程的症结，通过对流程架构、主流程、流程三个层面进行变革，推动流程简化，提升业务效率。

1）对策一：流程架构"端到端"

重新以"端到端"思想定义流程架构，界定起点与终点，从割裂式的部门内部流程到客户端到端一体化架构。将各阶段重复的、冗余的需求流程删除，直接进行拉通，明确并简化跨部门流程接口，将接口融入流程架构，整体需求分配与分发实现贯通。链接、拉直原先段到段流程。段到段流程是组织层级驱动的"部门内部流程"，以领导为中心，强调权力，以职能模式运作。端到端流程以客户为中心，强调任务，以跨部门项目式协同模式运作。"段到段"与"端到端"是两种不同的意识形态，具体如图6-3所示。

2）对策二：主流程拉通

明确主流程各阶段输入、输出链接、拉通方式，实现主流程的贯通保障工作及接口自动流动和顺畅衔接（见表6-2），通过IT系统固化，在系统中进行信息传递与链接。

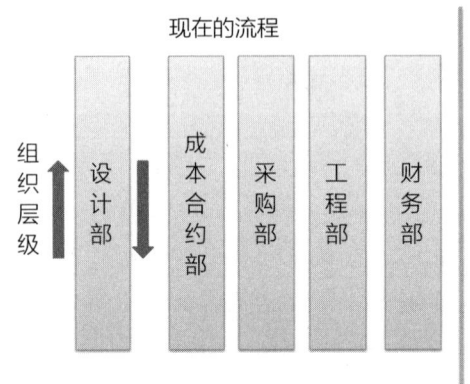

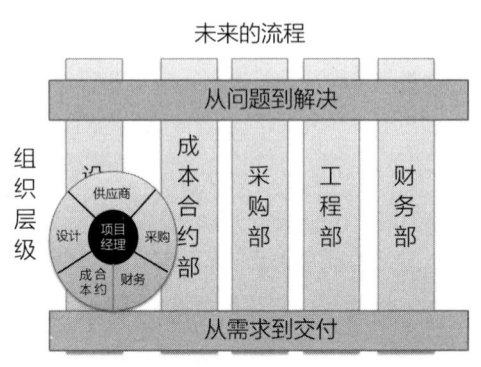

图6-3 "段到段"和"端到端"

表6-2 主流程拉通及接口定义

阶 段	输 入	输 出	拉通方式
立项阶段	租赁手续、租赁合同	红线图、等高线图、四区五流图	—
设计阶段	红线图、等高线图、四区五流图	总平图、总平图说明、施工图、设备清单、设备需求计划、标段划分清单	立项—设计任务分派主流程
成本合约阶段	总平图、总平图说明、施工图、标段划分清单	施工合同	设计审核—合约/采购任务分派主流程
采购阶段	设备清单、设备需求计划	设备合同、到场计划	合同签订—施工启动主流程
施工阶段	施工合同、设备合同、到场计划	施工总结、验收报告、结算清单	施工—付款主流程
付款阶段	施工总结、验收报告、结算清单	结算款付款完成	—

3）对策三：流程以终为始

流程以终为始，形成闭环。以设计阶段为例，设计阶段的输出总平图、总平图说明、施工图、标段划分清单是成本合约阶段的输入，设计阶段的输出设备清单、设备需求计划是采购阶段的输入。设计阶段与成本合约阶段、采购阶段的拉通方式通过设计审核—合约/采购任务分派主流程实现，以终为始地进行流程设计，支撑总体端到端贯通，更快、更好、更省地实现客户价值，满足客户需求。

四、"端到端"链接创造价值

每个流程都应该以"端到端"思维重构一遍，实现从"段到段"到"端到端"的变革，更好地识别价值、创造价值、传递价值、实现价值。"端到端"流程带来以下转变。

1. 更准的链接

链接准的企业客户满意度高。链接包含产业链、客户、部门三个层面。产业链上实现与产业利益相关者更准的链接，外部实现与客户更准的链接，内部实现跨组织、跨部门、跨岗位的精准链接。链接体现在接口处，表现为输入与输出。链接有效性应从价值出发重新思考。例如，与供应商的链接是传递零部件需求，供应商提供满足需求的零部件。精准链接是指厘清需求信息并达成共识，只有如此，供应商才能提供满足需求的零部件，接口才能更加清晰、准确、简洁。更准的链接可以实现更多的客户价值，提升客户满意度。

2. 更快的拉通

效率高的企业竞争力强。提升效率需要更快的拉通，更快的拉通需要加快信息流速，信息流速通过信息化、数字化手段固化，信息化打破信息孤岛，实现信息共享。数字化是在信息化的基础上通过数据审视业务问题，支撑业务发展。

3. 更优的变革

变革优的企业基业长青。更优的变革体现在对环境变化的响应上，环境变了，业务模式、价值定位、业务活动、职责分工等都需要进行调整。流程是变革的载体，变革能力弱的企业增长停滞、发展乏力、文化涣散，甚至被淘汰出局。诺基亚被微软收购的时候，有句话广为流传："我们没有做错什么，但不知为什么，我们输了。"

第七章

协同：从纵向割据到横向一体

✏️ 轻松自测

> **是否需要学习"协同：从纵向割据到横向一体"？**
>
> 请您检测一下，自身或工作环境中是否存在以下认知误区与问题？如存在，请您在左侧方框里画"√"。
>
> ☐ 缺乏协同标准与规则，过度依赖关系式"刷脸"。
>
> ☐ "只扫自家门前雪，不管他人瓦上霜"，协调难度大。
>
> ☐ 管理高度垂直，每根"绳子"都绷得很直，但难以"拧成麻花"。
>
> ☐ 为了有安全感，视部门为"领地"，相互博弈大于共同合作。
>
> ☐ 自然的工作过程被切割，很难实现流水线式协作。
>
> ☐ 都在"自嗨式"玩局部小游戏，却未参与到公司整体的大游戏中。
>
> ☐ 信息层层衰减，职责频繁转移，滋生厚重的部门墙。
>
> ☐ 目标不协同，难以从共同目标出发，未能凝心聚力形成组织合力。
>
> **答案：** 如果以上有3项及以上画"√"，那就需要认真阅读本章。

一、"协同之殇"都是"职能惹的祸"

组织协同是每家企业的"阿喀琉斯之踵",很多组织变革都是为了解决"组织协同"问题。"船大难掉头",规模越大的组织协同越难,小公司灵活、敏捷、一体化运作,效率最高。协同问题背后其实都是"职能惹的祸",职能是分工的产物。分工始于泰勒的科学管理原理。福特基于分工理论打造"流水线",大幅降低汽车成本,使T型车市场化。德鲁克基于分工理论缔造管理学。分工提升专业能力,提高效率,也产生了组织中的职能部门,带来了协同问题。职能分工下组织目标、行为、文化被割裂,导致组织管理注意力分散和组织行为狭隘、片面、局限。

1. 关注上司而非客户

管理高度垂直,自上而下指挥,一级对一级负责。经营管理系统像多层金字塔,每根"职能绳子"都绷得很直,但难以"拧成麻花"。每每出现新发展或新需要,就增设岗位、增加管理层级,使权力盲目向上集中,使得下级只对上司负责,剥夺基层员工的积极性、主动性,使员工对于横向、斜向联合协作不感兴趣,妨碍横向、斜向的沟通协调。高层在组织中离客户越来越远,经营管理策略对市场反应迟钝、低效,甚至面目全非。其实,最卓越的组织是最基层的员工充满活力地为客户服务。

2. 关注局部而非全局

在趋利避害的人性驱使下,职能组织中员工更多关注部门,视部门和岗位为"领地",在组织中寻求"安全感",而不会去关注客户、关注全流程,更不会关注流程接口、输入、输出。组织运营陷入"铁路段长各管一段,没人对最终结果负责"。甚至在部门目标不协同、责任不明确、利益冲突的情况下相互推诿、扯皮、博弈、攻击,组织内耗严重,影响文化与氛围。

3. 关注过程而非结果

每个部门、个人都关注自身绩效,部门和个人绩效没有在客户导向下全局规划,往往是"自娱自乐",每个部门玩自己的"小游戏",而不是一起参与公司的"大游戏"。部门工作是结果产生的"过程",是全局中的"局部"。首先需要关注客户需要的"结果",思考面向这个"结果"部门需产出什么"过程结果",面向部门的"过程结果"岗位需要什么"产出",面向"产出"需要什么"活动"。

二、流程协同将流程移到职能前面

企业对外拼的是整体性,局部最优不是全局的最优。职能式运作要考虑如何更好地"一体化"运作,客户价值被职能分割后信息在不同部门间来回旅行,合乎自然的工作过程被分割,广泛的信息交流被用来对付非自然的分割,分割成块的活动应该重新聚合到一起,回到原来的状态。这种"一体化"运作要通过集成的流程推进落地,通过流程弥补"协同之殇",这样既发挥了职能分工的优势,又弥补了职能分工带来的缺陷。流程按活动的相关性,将从事相关活动的人合在一起形成流程型群体,重新一体化运作,流程从职能组织背后移到前面,如图7-1所示。

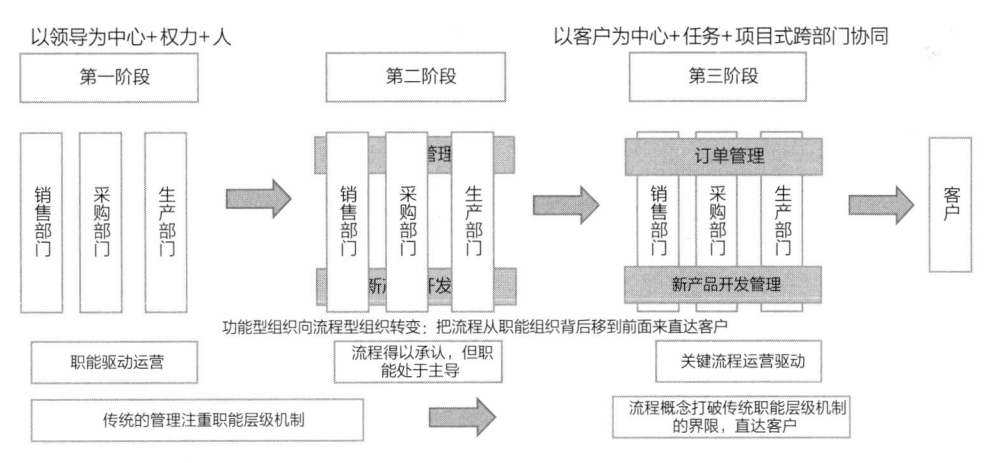

图7-1 流程从职能组织背后移到前面

传统的管理注重职能层级机制,流程概念打破职能层级机制的界限,直达客户。管理活动以业务流程为管理对象,关注流程是否给客户增值,通过不断完善业务流程,提升竞争力,保持竞争优势,有效支撑业务发展,为公司战略服务。所以要先流程、后职能，实现横向一体化，将大企业做小，焕发出小企业的活力和效率。具体策略如下。

1. 一项再造

用价值链分析法分析企业的流程及流程中的活动，辨别出哪些流程和活动是增值的；哪些流程和活动场是不增值的。然后创造出一系列管理机制去删除那些不增值的流程和活动，保留并激活那些增值的流程和活动，最大限度地创造价值。

2. 四大明晰

流程明晰：流程包含战略流程、运营流程、支持流程。

岗位明晰：岗位指经营、管理和执行这三个层次的岗位。

经营明晰：经营对象包含成本中心、利润中心和赋能中心。

控制明晰：控制包含事先计划、事中控制和事后分析。

3. 五个强调

以流程为核心，强调全过程管理，强调跨部门协同，强调战略性，强调整体性和高效率，强调价值创造。明确流程责任人，使组织扁平化，通过数字化系统进行支撑。

三、案例：流程驱动项目型组织协同

1. 背景

H是国内领先的汽车零部件企业，企业业务形态是项目型，但是依据传统职能式组织运作，组织模式、业务流程未与项目型业务形态匹配，项目效率低、成本高。

- 需求上：对客户需求的理解更多的是考虑产品性能和技术指标，需求理解浅显，缺乏对客户深层次的需求收集、需求洞察和需求分析，导致项目目标不清晰，开发过程频繁发生变更，浪费严重，效率低。
- 决策上：因为决策点缺失，执行层被迫等待，效率降低；因为决策质量低，导致没有前景的项目进入开发，浪费资源，项目中途停滞或关闭。

- 流程上：职能式运作，项目推进过程中更多的是项目管理部推进，未形成扁平的跨部门项目团队基于流程明确计划、承担任务、主动执行；项目开发更多的是研发部门的事，生产、质量、服务等部门参与度不高，且缺乏项目经理负责制，出了问题不同部门推诿。

2. 对策

建立项目型一体化运作机制，具体通过项目式流程、项目制组织、项目型激励，围绕项目拉通组织、拉直流程、提升效率、管理成本、提高项目投资回报率。项目型一体化运作机制落地后，整体上大幅提升了业务效率，促进了协同，提升了整体效益。

- 项目式流程：从营销立项开始项目生效，设置营销立项、技术交流、招投标、合同签订、开发立项、样品、小试七大节点，在节点开展活动，定义营销、研发、采购、生产、售后服务、质量等部门在节点中的业务活动、输入与输出，所有的职能力量都作用到项目上。

- 项目制组织：任命项目经理，建立项目经理负责制，项目经理是项目成败第一责任人。项目经理组建跨部门团队形成项目组，项目组基于项目式流程执行和推进项目，并且项目组拉通信息、执行项目滚动管理、快速纠偏、解决卡点问题。

- 项目型激励：建立项目核算机制，从项目概算、预算、核算到决算，核算项目价值贡献，基于核算精准决策，将资源聚焦到有前景的项目上，及时终止亏损的项目。基于项目价值贡献设定项目奖金包，参与项目成员依据个人价值贡献进行分配，打造项目组利益共同体，共同为项目成败负责。

四、"聚四力"实现横向一体化

破局组织"协同之殇",流程协同是基础,目标协同是前提,机制协同是牵引,文化协同是土壤,四管齐下,推动职能式组织重新聚合、重新一体化、重新整体面向客户,形成流程合力、目标引力、机制动力、文化聚力。

1. 流程合力

职能是纵向的,流程是横向的,基于业务特征通过流程显性化,定义客户价值创造过程中不同职能部门的活动、输入与输出、接口关系,将职能重新组织起来,形成组织合力,实现整体纵向、组织横向协同。

2. 目标引力

职能业务活动基于战略解码统一到公司的战略目标上,通过战略目标的分解,拆分职能部门的重点工作,展现为绩效考核指标,绩效指标左右互锁,绩效考核最终统一到共同的战略目标上,实现绩效目标的牵引力,牵引组织行为。

3. 机制动力

建立共担的激励机制,促进横向一体化。部门考核与公司整体业绩挂钩,职能部门负责人绩效与整体项目绩效挂钩。基于项目绩效核算职能部门价值贡献,打造利益共同体,通过机制促进横向一体化,"利出一孔,力出一孔",更好地实现团队协作,支撑流程落地运作,支撑目标实现。

4. 文化聚力

文化是土壤,文化是内涵,文化是假设,文化是行为规范,有什么样的文化就有什么样的团队。公司是鼓励英雄,还是鼓励团队?是考核部门和专业,还是考核团队业绩?是倡导"胜则举杯相庆,败则拼死相救",还是内部各自为政,各自守着自己的"一亩三分地",确保自己的安全与利益?公司的政策导向、高层行为、激励导向都将很大程度上流露出文化特征,也将在很大层面上影响组织协同。文化是凝聚力,也是横向一体化的生产力。

第八章

治理：从总部集权到授权有章

轻松自测

是否需要学习"治理：从总部集权到授权有章"？

请您检测一下，自身或工作环境中是否存在以下认知误区与问题？如存在，请您在左侧方框里画"√"。

☐ 管理中出现了明显越位，上面做了下面的事，上面该做的事却没有做好。

☐ 因为缺乏授权标准与规则，业务陷入"一放就乱"。

☐ "一乱就收、一收就死、一死又放"，集权和授权之间无法平衡。

☐ 责任大、权力小，一线作战单元太难了。

☐ 一切都是上面定的，员工感觉"被雇用的是手脚而不是大脑"，组织陷入"智障窘境"。

☐ 权力总是匹配不到位，集团与事业部、事业部与分支机构间怨声载道。

☐ 上面不知如何"放开手"，下面不敢"放手干"，总部职能总难精准定位。

☐ 大小事务都需征询领导同意，层层审批，业务沿着组织层级缓慢爬坡。

答案：如果以上有3项及以上画"√"，那就需要认真阅读本章。

一、为何"一放就乱、一管就死"

授权产生治理,很多企业都没有处理好治理与授权,在乱和治之间折腾,在放与收之间徘徊,甚至陷入"一放就乱、一乱就收、收了再放、放了再乱"的恶性循环。这样折腾几次,企业混乱不堪。放的时候"诸侯争霸,狼烟四起";收的时候组织疲软,死气沉沉。

某集团公司采取联邦分权模式进行授权,在集团总部、分公司分配权力:在投资权上,50万元以上投资归总部,50万元以下投资权归分公司;在组织权上,分公司内一级部门设置权归总部,二级及以下部门设置权归分公司;在人事权上,经理级人员招聘、评价、晋升权归总部,经理级以下招聘、评价、晋升权归分公司。最终,分公司只承担其享有权力的事项责任,不承担经营责任,分公司认为大事都是集团定的,无法承担经营的整体责任,出现"一管就死"的情况。总部为了激发经营活力,加大分公司授权力度,实现分公司高度自治。但是,这样又出现分公司业务发展方向偏离、内控问题多、总部无法牵引分公司发展,甚至总部的指令分公司都不听,出现"一放就乱"的情况。

究其原因是治理体系出了问题,授权未支撑组织稳健、高效运作。授权也是系统工程,在组织、流程体系基础上授权要实现"责任下放,数据上移,权力下放,风控上移""战略问题是总部指挥基层,战术战役问题是前方指挥后方""收与放要基于组织边界与业务现实有效平衡"。

1. 怎么"一放不乱"

从标准、流程、数据、风控四个维度展开,强化标准建设,基于标准的放权就不会乱,依据流程操作就不会乱。数据上移后基于数据报表分析实现过程监管,进行提前干预就不会乱。在风控上移方面,基于数据风控管理,建立冷威慑就不会乱。

2. 如何"一管不死"

围绕权力、责任、机制三方面进行建设。权力下放,提升自主权;责任下放,主要是下放经营责任,令经营单元自主承担经营结果,核算经营业绩；机制导向，全力创造价值，正确评价价值，合理分配价值，激发经营单元活力。

二、授权原因与原则

1. 授权界定

厘清授权本质才能驾驭授权。譬如，何时产生授权？为什么需要审批？到底授什么权？这些问题都要准确回答，回答这些问题首先要界定因什么而授权（见表8-1）。

表8-1　界定因什么而授权

授权不是什么	授权是什么
不是因为事务需要征询领导同意	而是因为关键输出质量需要把关
不是因为责任需要分解承担	而是因为重大资源投入需要决策
不是因为对人的不信任	而是因为关键风险点需要控制
不是因为需要信息同步	而是因为例外和变化需要管理
不是因为天然的组织层级	而是因为业务质量和效率需要平衡

2. 授权原则

授权基于组织定位、组织责权、业务流程、权限属性，通过授权原则厘清组织责权界面、指导授权制定、明确授权要求，将权力关进制度的"笼子"里。通过授权持续优化，实现集权有道、授权有章、行权有度、分权有序，支撑组织高效、活力、合规运作。

- **责权对等**：责任和权力是浑然一体的，权力因为任务派生，有责无权将懈怠，有权无责将腐败。权力分配依据组织责任的"承重墙"而不能错配，在承担责任的同时具备权力，可对任务结果进行"追责"。
- **分层分级**：从"总部—分公司—区域—办事处"分层分级授权，总部是资源分配与赋能，分公司是"作战打粮食"，部门代表专业分工。战略统筹、统一标准制度权限归总部，作战决策权、管理权归分公司，专业类事务权归专业部门，清晰界定"什么权限收上来，哪些放下去"，杜绝"一管就死、一放就乱"，并且用业务流程、标准、规则配套支撑。

- **决策性质**：授权审批依据性质分类为战略类、业务经营类、运营管理类，战略类权限侧重高层，强调决策质量；业务经营类权限侧重业务单元，导向作战效率；运营管理类权限侧重在流程关键控制点上设置审批，关注业务质量和风险控制。
- **授权金额**：经营类可依据金额梯度授权，金额大小面向不同的层级授权。以采购为例：50万元以上集团采购部组织招标，50万元以下分公司询比价/议标，供应商匹配权限50万元以下授权供应链总监、需求部门分管副总裁决，50万元以上运营副总裁决，200万元以上采购及战略合作协议采购由CEO裁决。
- **三级以内**：原则上审批权限不超过三级，最多不超过四级，超四级以上的审批流程需要评估，并倡导自主改善，尽可能压缩签批空间，对相关签批控制点予以删减。

三、案例：美的"集权有道，分权有序，授权有章，用权有度"

1. 美的分权体系定位

美的分权体系做得好，在业界有口皆碑。美的授权体系"集权有道，分权有序，授权有章，用权有度"。美的通过分权也极大地营造了良好的职业经理人环境，激发了组织活力，支撑公司的高速发展。

- 集权有道的"道"是"道理"：指收权要有秩序，要按游戏规则办事，集权不能乱收权，不能想收就收，但是在该集权的时候，对应集中的权力一定要集中。
- 分权有序的"序"是"顺序"：是指放权要按次序，要循序渐进，先小后大，逐步放，而不是盲目分权，也不是一视同仁，在不断的发展过程中慢慢下放。不同的经营单元，根据经营能力强弱，对分配给它的权力也会有区别。

- 授权有章的"章"是"规章"：是指授权要按组织规定、在一定原则下进行，这个"章"就是指公司的分权手册。
- 用权有度的"度"是"程度"：是指用权要有范围，经理人在集团赋予的权力范围内进行经营，不能越"线"，不能滥用权力。

2. 美的分权体系指导原则

美的将分权体系归纳为"一个结合，十个放开，四个强化，七个管住"，作为总体分权的指导原则。

- 一个结合：与责、权、利相统一，集权与分权相结合。
- 十个放开：将机构设置权、基层干部考核任免权、劳动用工权、专业技术人员聘用权、员工分配权、预算内和标准内费用开支权、计划内生产性投资项目实施权、生产组织权、采购供应权、销售权十项基础权力下放。
- 四个强化：强化预算管理、强化考核、强化审计监督、强化服务。
- 七个管住：管住目标、管住资金、管住资产、管住投资、管住发展战略、管住政策、管住事业部正副总经理和财务负责人。

3. 美的下属事业部"1131工程"

- 一个接口：集团各事业部之间，单项流程在每个单位只允许有一个接口，实现流程在各单位的单点接触。
- 一个工作日签批：每个流程控制点的停留时间最多一天。
- 三个签批控制点：单项流程原则上为三个签批控制点，超过三个控制点的特殊流程倡导自主改善，尽可能压缩签批空间，并予以删减。
- 一个工作日反馈：对于下达的工作任务在一个工作日内响应，向相关部门反馈执行或解决的时间进度。

四、总部职能"四大定位"

解决授权问题，首先是将总部职能清晰定位，鼓励"上面放开手"，实现"下面放手干"。解决总部职能定位问题，授权难题迎刃而解。结合企业咨询实践，将总部职能归纳为"四大定位"，指导授权展开。

1. 战略引领

战略问题是上面牵引下面，战术问题是前方指挥后方，总部战略引领职能包含战略规划、经营计划、预算管理三方面。战略规划方面总部组织制定中长期战略规划，管理战略执行与落地，引领未来发展。经营计划方面组织制订年度经营计划，管理经营计划落地执行与监控闭环。预算方面管理年度预算，参与把控重大资源投入决策，如区域内重大投资决策、产业重组与并购、重大固定资产投入。

2. 赋能支持

总部应聚集专业资源，应用专业方法，构建专业能力，实施专业培训，赋能服务。集成专业能力为业务单元提供指导，输出专业建议。赋能领域包含战略与经营计划、流程与标准建设、组织与人力资源、品牌与产品管理、数字化与信息技术。持续强化总部与下属经营单元能力建设，提升业务协同，降低运营成本。

3. 监督防范

实行业绩监控、重大事项监督、风险防范。在业绩监控方面，对战略及经营计划目标达成、核心经营策略落地、组织绩效结果进行监控。在重大事项监督方面，对经营单元的重大资源投入、预算制定、政策确立审批进行监督。在风险防范方面，实施定期审计，防舞弊，防范业务风险，促进内控合规。

4. 服务共享

集成公共资源，提供共享服务，提升资源利用率，降低投入成本。在数字化、人力、行政、法务、公共关系等方面实行公共资源共享。应用共享资源，提供快捷、低成本的中后台平台型共享服务，确保前台能力聚焦、精力聚焦。

第九章

内控：从事后审计到事前防范

✎ 轻松自测

> 是否需要学习"内控：从事后审计到事前防范"？
>
> 　　请您检测一下，自身或工作环境中是否存在以下认知误区与问题？如存在，请您在左侧方框里画"√"。
>
> □ 审计与业务"水油隔离"，你审你的，我做我的，无法"水乳交融"。
>
> □ 审计查出问题后，总是忙于事后救火，却不知如何事前防火。
>
> □ 审计频频重拳出击，但是内控问题依然频发。
>
> □ 标准缺失，决策好难，决策因人而异，决策风险谁来承担。
>
> □ 明明知道内控的三道防线，但是一道也建不起来。
>
> □ 流程中有一大堆人审核，但关键控制点就是控制不到位。
>
> □ 数据未拉通，数据质量差，不知业务风险如何实现系统封装。
>
> □ 权力高度集中，职责不分离，责权划分难实现相互监督、相互牵制。
>
> **答案：** 如果以上有3项及以上画"√"，那就需要认真阅读本章。

一、内控两大风险

基业长青需要持续稳健经营，稳健经营既要业务快速增长又要内部风险控制，还要财务合规。风险源于业务管理漏洞、干部腐败舞弊、资金安全等。某些企业明显缺乏风控意识，伴随宏观经济发展习惯了高速增长，附加高杠杆、高负债，一路狂奔，最后潮水退去发现自己在"裸泳"，资金链断裂、一地鸡毛。发展应遵循长期价值主义，实现长期价值主义下稳定、健康、持续、有机增长，高质量的流程内控、财报内控是基础和前提。

1. 流程内控

流程即业务，流程管理就是业务管理，业务风险可通过流程来分析、防范和管理。需要将流程问题堵住，围绕流程建立事前、事中、事后的内部控制机制，识别问题、分析问题、优化流程，并总结经验教训。控制运营风险，提高业务运作效率和效益，帮助企业实现既定业务目标。

2. 财报内控

保证财务报告数据真实、可靠、合规、稳健。财报内控是手段，账实相符是目标，账实相符才能通过财务结果真实反映业务运营现状，这是法律和会计准则的底线要求。财报内控要从业务数据质量管理入手。例如，市值几千亿美元的安然就是因为做了假账而垮掉，如果公司存在这样的软肋，一击就可以把企业击垮。

二、内控三道防线

流程是内控的基础，内控、审计、稽查围绕流程关键控制点展开。发展越快，管理覆盖就越不足，管理漏洞就越多。对于内控体系的建设，要设置三道防线管控，内控三道防线如图9-1所示。

1. 第一道防线

第一道防线是流程关键控制点内控，在业务运作中控制风险是最重要的防线。要花费精力把第一道防线建好，实现内控与业务融合。流程既要规范，又要灵活，最终目的是各级业务主管（流程负责人）承担内控责任，控制绝大部分风险。内控最主要的监管还是在流程中，流程是内控的基础，也是内控切入点、着力点。流程设计也要考虑内控需求，通过关键控制点设置、职责分离、标准建设、审批授权、报表分析、IT系统数据封装等满足内控需求。流程这道防线如果构建好了，其实就已经建立了良好的内控防线。

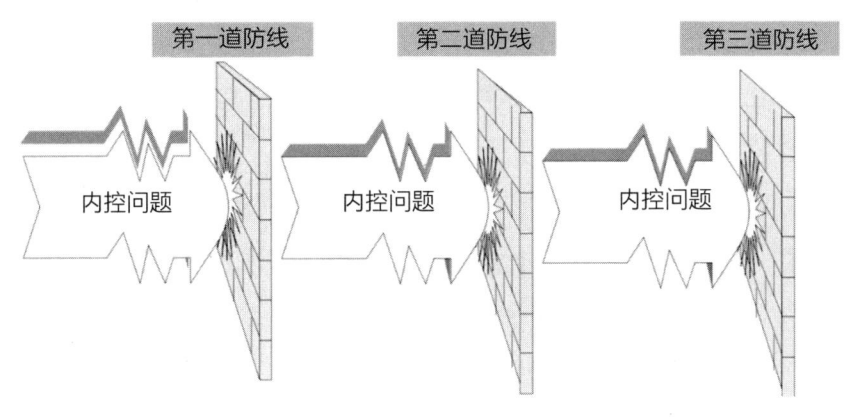

图9-1 内控三道防线

2. 第二道防线

针对跨领域流程进行高风险拉通管理，内部推广监管方法论，对各级业务管理者赋能，为第一道防线提供方法论，补充、培养干部，实现干部循环流动与螺旋式"洗澡"，把优秀的人"洗"出来。第二道防线责任人是风控、法务，通过事中监督进行端到端风险监控，推动改进、监管赋能，控制方式有阶段性的内控评估报告。

3. 第三道防线

审计调查要围绕"反腐、反造假、反浪费"进行，发挥独立监督作用，核心是建立冷威慑，坚持查处分离的原则，严格调查，宽大处理。第一道防线和第二道防线做得好，第三道防线的作用就不大。不能过于依赖第三道防线。无论大小案子，审计事后去查，所有细节都不能放过，基于此建立起冷威慑，来配合第一道防线和第二道防线的建设。

三、案例：差旅流程内控促合规

1. 差旅费"内控烦恼"

H公司布局全球化业务，每天都在发生差旅费，差旅费金额每月达上百万元，员工出差机票、酒店住宿是一笔开支不小的费用。差旅费依据个人操作，费用管理风险大，各层级都存在"内控烦恼"。

- 公司层面：担心员工订高价机票、酒店，差旅商品采购不合规、不精细，供应商产品价格不透明，找不到节省差旅费用的方法；担心员工的数据外泄、不安全；差标管控难、不精细。

- 员工层面：自行预订行程烦琐，报销粘贴发票效率低、周期长；票据填报过程和数额计算烦琐，可能多次退回；员工垫资体验差，酒店性价比不高，机票退改费用高、不及时。员工出行遇到问题时公司后台只是做"二传手"，耽误事情。

- 财务层面：差旅费数据无汇总，面临手工统计。业财一体化不够，线下核对票据验真，工作量大，无法自动计算差补，无法价税分离。

2. 差旅流程变革与封装

面对差旅费"内控烦恼"，应用职责分离、系统封装思想实施差旅流程变革，提升员工体验、控制内控风险、提高效率。变革后的差旅流程如图9-2所示。

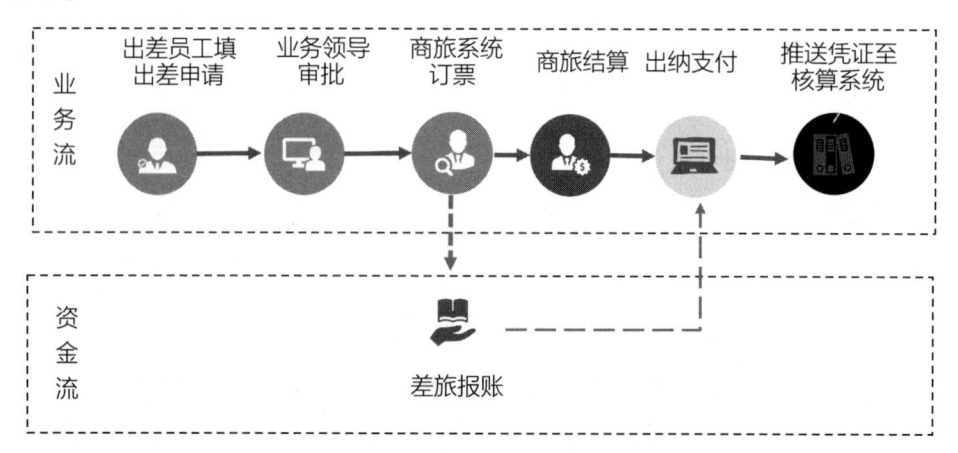

图9-2 变革后的差旅流程

公司可以通过以下举措规避内控风控。

- 业务流与资金流分离：出差员工在公司会计共享系统内发起出差申请，业务领导审批后，到商旅系统完成订票等操作。由财务发起结算，而不是由员工自行垫付再到公司报销，这样支付关系发生转移，实现了业务流与资金流的分离，规避了员工寻租空间，无须员工垫付差旅费。
- 系统封装：通过商旅平台封装供应商差旅产品，包含机票、酒店、餐饮等，并且以最低协议价公开透明显示，降低了采购成本。员工出差过程中，通过商旅平台的订单无须员工报销，月底商旅平台推送订单，公司统一汇总，公司与商旅平台进行统一月结支付，并且实施报表分析。

3. 差旅流程变革成效：促合规、降成本、提效率、优体验

- 促合规：促进内控合规，首先实现采购合规，包含从供应商选择到管理，从比价到预订，从员工因公出差消费的申请、审批到校验，从费用报销到记账归档的全环节，都实现全线上阳光透明处理，形成管控闭环。前后数据打通共享，确保每个流程细节的合规。票据的合规应用票据引擎及审核校验，规避审计风险。
- 降成本：建立多供应商的集采平台，实现集采降本，建立一品多供、比价机制，实现降本。战略性向前延伸费用管控节点，细化差旅服务品类和标准，打破地域与时空隔阂，以统一运营结算替代海量对私报销，实现精细化和全流程提升，从整体效率提升维度降低时间成本。
- 提效率：深度集成公司内部系统，打造一体化、一站式差旅费管理平台。重塑公司差旅费管理流程。以机器取代人工，以流程管控代替制度审核，让公司专注于主营业务，告别琐碎复杂的差旅报销流程，提升端到端效率。

- 优体验：优化员工对流程的体验，从出差申请到报销实现一站式、全流程、无纸化、全自助流程。简化员工差旅流程申请，统一结算，简化报销，以月结支付替代个人垫付、贴票报销的复杂过程。优化员工差旅体验，提升员工满意度。

四、从事后审计到事前防范

内控最优状态是没有问题。内控管理应减少事中管理干预，避免事后"亡羊补牢"。应做好前置管理，在风险发生前做好预案，从事后审计到事前防范，"内控预则立，不预则废"，从点、线、面做好事前防范。

1. 点上事前防范

加强关键控制点风控，强化关键控制点内控力量，建立责任机制，应用内控原则设计，并且强化关键控制点的审计和个案处理，基于制度建设加强司法威慑。

2. 线上事前防范

流程端到端封装管理，在业务发生过程中就实现端到端管理。数据拉通应用系统封装，实现过程控制与系统留痕，并且揭示持续改进端到端的风险。

3. 面上事前防范

构建环境，引导行为，可建设道德遵从委员会，持续创造良好的道德遵从环境，从文化氛围层面影响员工行为，让员工想舞弊，但不敢舞弊、不愿舞弊，因为舞弊的成本太高。

第十章

文化：从无序人治到有序法治

轻松自测

是否需要学习"文化：从无序人治到有序法治"？

请您检测一下，自身或工作环境中是否存在以下认知误区与问题？如存在，请您在左侧方框里画"√"。

☐ 文化故步自封，本位主义，以自我为中心。

☐ 在威权组织中，不因做错而害怕，而在害怕中工作。

☐ 口头上对事不对人，实际对人不对事。

☐ 组织板结，引进干部存活率低，外人进不来，活力起不来。

☐ 人治环境下，制度像雪花一样下发，但是收效甚微。

☐ 管理风格因人而异，领导各有自己一套，适应难度大。

☐ 高管一出差，业务就瘫痪，体系未能有序自运转。

☐ 凭直觉和经验做决策，而非基于客户、事实做决策。

答案：如果以上有3项及以上画"√"，那就需要认真阅读本章。

一、"人治"典型特征

经营好的企业赚钱，管理好的企业健康，文化好的企业长久。企业应该形成法治环境，营造规则文化。对流程、标准、规则存敬畏之心。反观国内很多企业尚处于人治阶段，很多企业重视经营，轻视管理，流程管理跟不上规模发展和业务需求，需用流程管理实现从人治到法治的过渡。人治的企业大事小事都是老板说了算，"还是企业家的企业，不是企业的企业家"。人治企业具备以下特征。

1. "征询领导同意"意识盛行

人治的企业官僚主义盛行、组织林立、山头各起，"征询领导同意"的意识盛行，"雇用的是员工的手脚而不是大脑""上面推着下面干""给我冲而不是跟我冲"。管理上流程冗长，审批繁重，有很多审批流，凡事从主管开始审批，审批到分企业领导、集团领导。一提到流程就去整理审批流，审批也是领导能接触到的"流程"，并且错把审批当流程。

2. "忙于救火"不可开交

高管直插业务一线，陷入业务运营问题"救火"，高管是"救火队队长"，忙得不可开交。其实忙的背后是管理不善。管理好企业总是显得单调无味，较少有"意外惊喜"，因为危机都早已被预见，已有解决方案变成例行工作。管理企业轰轰烈烈的不是处理当下问题，而是为未来做决策。

3. "机制代替管理"制度繁多

为追求业绩结果，设计业绩结果考核激励机制，在问题导向下，从部门出发制定很多制度。制度是领导的主观意志，是人治体系化的反映。以部门为导向制定制度导致相互冲突。例如，针对新产品开发立项流程，研发部立项制度和市场部立项制度相互冲突。制度管理是局部导向，没有进行全局思考、管理拉通，导致部门之间、业务域之间接口重叠、断裂、信息难拉通，业务等待、停滞。

用激励机制、奖惩考核代替流程管理，背后假设就是"做好了奖励你，做不好处罚你",导致个体都很注重自身业绩,而不注重整体性,企业对外拼的是整体性,单纯依靠制度就会丧失整体性,造成"山头主义"。

二、人治制度和法治流程

人治的企业中代表领导意识的主观制度很多,在制度和考核激励上"文山会海"。法治的环境下代表客户价值的流程简单、易用、高效。流程管事,制度管人,流程落地需要制度配套支撑,单纯凭借制度是人治大于法治的表现。流程与制度的对比如表10-1所示。

表10-1 流程和制度的对比

流程	制度
流程是全局的	制度是局部的
流程是客观的	制度是主观的
流程是精确的	制度是模糊的
流程侧重疏导	制度侧重堵漏
流程是管理体系集成	制度是单一机制

1. 流程是全局的,制度是局部的

流程为客户价值而生,是将输入转化为输出的一系列逻辑关系的活动组合。制度强调行为规范,界定能做什么,不能做什么。制度往往是为降低交易成本而制定的主观契约。制度并未确保能得到好的结果,但底线是不碰触"高压线"。流程界定业务场景,明确从起点到终点的价值创造活动和逻辑关系,依据流程执行,可以通过好的过程管理保障好的结果。

2. 流程是客观的,制度是主观的

制度是人为产生的。人们在业务中发现问题、预见问题,明文规定将问题解决方案书面化,并约定共同遵守。流程是客观的,伴随业务活动天然存在,没有书面化之前是隐性的。成熟度高的场景将业务过程用书面化方式呈现出来,并且用IT系统进行固化,就形成显性化流程。

3. 流程是精确的，制度是模糊的

流程有层次、有结构、有先后、有输入、有输出、有表单、有模板、有严谨结构、有标准颗粒度、有规范语言、有精确内容，确保不会缺失、重叠、交错、冲突。基于流程可以清晰地"按图索骥"，这使得业务可复制、可管理。制度有条例、有奖惩、有责任、有边界，但需要诠释，基于制度的管理模糊，结果也不精确。有的企业制度就像雪花一样下发，但业务绩效并没有提升。创建制度是通过打补丁方式体现"长官意志"，很难有准绳去约束，体现形式和要求上的规范。

4. 流程侧重疏导，制度侧重堵漏

流程是业务直观的表现，是做事的过程。流程像河流治理，河流治理强调"以导治水"，强调河道疏导，因为河道能被疏导，可以相信河流状态是稳定的。制度像巩固河道堤坝，强调"以堵治水"，强调"什么事情不能做，做了有什么后果"。制度强调允许做什么，不允许做什么。用流程规范连续性的业务过程，才能保障业务结果。

5. 流程是管理体系集成，制度是单一机制

流程可以集成标准、方法、指引、绩效、质量、风控、IT、职责、制度等多维度管理要素，构筑一体化管理体系。制度强调奖惩机制，有一些职责划分、有一些标准。流程是高速公路，制度是交通规则，制度与流程配套使用才能发挥其功效。

三、案例：政务大厅的流程法治

之前去政府部门办事，习惯性总是要"托人找关系"，这是人治的表现。现在去办事，到宽敞、明亮的政务大厅"按流程办事"，政务大厅流程简洁、效率高、体验好。现在的政务大厅有舒适明亮的休闲等待区、24小时自助政务服务，环境非常安静、舒心。大厅采用微信和大屏幕显示通知方式。以前办理身份证，需要跑很多部门，如今从设备取号开始，排队、办

理、交费到拿到办理完结单，整个过程仅用5分钟。流程型运作的政务大厅实现了平等、法治，提升了办事效率和市民满意度。

- 流程法治：政务大厅的设计完全以人为中心，不需要跑很多部门，打通诸多环节，打破之前办事先找关系的思维。
- 一个接口：原来可能需要跑好几个部门，现在一个窗口办理一个证件，一个接口一个岗位就可以。
- 统一标准：不管办什么证件，基本流程就是取号、等待、办理、取完结单、等待证件寄达，非常标准、简单，规则清晰。
- 应用工具封装：开发取号机、排队屏幕和小程序等IT工具，集成端到端，以人为中心，拉通整个流程业务，让人们获得更好的体验。

通过以上四维度设计，最终实现以人为中心、以事务为中心、以体验为中心。这样的政务大厅通过流程变革实现法治。

四、"人治到法治"文化契约

流程是行为，文化是意识形态，流程背后是文化，流程变革需要文化支撑，如果高层没有达成文化共识、坚定推行，流程变革往往以失败告终。

1. 文化保障变革

流程再造牵引组织变革，进行组织责、权、利、能重新匹配。变革本质是人与文化变革，是人思维、行为方式的转变。变革是"一把手"工程，"一把手"要尊重流程、敬畏标准、以身作则、带头学习。反观有的企业，虽然制定了流程，但高管带头破坏。流程型组织变革是全体员工的责任，只有"一把手"重视、高管带头支持、发动群众力量才可能成功。变革帮助企业更高效地从当前状态向目标状态过渡。变革力量来自思想观念转变，而思想观念转变取决于人所处的文化环境，强有力的文化牵引是文化变革的必备法宝。

2. 变革是"老板"自我超越

流程变革是对个人权威的消灭过程。流程对事不对人,但又是针对每个人的,老板也不例外。流程会对各级管理者权力产生制约,由人治向流程治理转变。越是决策层越没有执行的权力,决策层管得太具体,就会"拉山头"、搞腐败。只有加强对个人权威的否定,才能建立一个健康的组织,建立一个不依赖任何人的组织。让流程取代人,让自动化取代个人意志,让表格化"剥夺"人情化。流程型组织变革是蜕皮式组织再造、文化再造。老板在变革中实现自我超越,从"企业家的企业"到"企业的企业家"。

第二篇

秘诀：
五大要素方法

第十一章

架构，
全局鸟瞰而非局部虫瞰

一、从结构化思维说起

结构处处可见，生活中房子是一种结构，树也是一种结构，专业运动员都用结构化方法训练，管理也需结构化思维，组织架构是结构，流程也是结构。结构化可重复、可组合、可测量。

1. 结构化可重复，促进标准化

流程是业务结构化，业务结构化拆分后让标准化成为可能。结构化起源于工业思维，工业思维是对效率、规模、效益的追求。结构化拆分后将复杂系统分解为模块，各模块可重复，标准化成为可能，反之，一体化很难进行标准化。

2. 结构化可组合，降低难度

结构化实现复杂系统模块化，识别各个模块的依赖关系后，将模块进行组合可形成解决方案，因此降低了"难度"，降低了对人员能力的要求，让一般资源组合起来可实现复杂的目标，"让平凡的人做出不平凡的业绩"。例如，戚家军抗倭成功在于"鸳鸯阵"，"鸳鸯阵"就是组织资源的结构化。倭寇是"专业"的武士，打败倭寇是有难度的任务。但"鸳鸯阵"有结构、有分工，阵中有勾马脚的，有用镰刀刺杀的，有用藤牌抵挡的。"鸳鸯阵"中的人员更多是"业余"的农民，通过"鸳鸯阵"将普通的资源组合起来，普通的农民战胜了"专业"的武士。

3. 结构化可测量，促进持续改进

结构化让流程可重复、可再现、可测量、可持续改进。结构化后找到问题根因，从根因分析推动可持续改进。外部因素不是根因，根因都是内部自身的。可持续改进"以理想主义为旗帜、以实用主义为纲领、以拿来主义为手段"。实用主义是现实往前看，理想主义是未来往回看，拿来主义是获取方式。

二、流程是平衡的结构

流程结构化意味着相互关联的工作有一个框架结构，并用组织原则来支持它。在自上而下的层次结构中，上层简单一些，越到下层越具体。关键工作明确规定出来，与流程相关的人清楚所参与的工作是什么，用什么方法完成。流程结构化是一种平衡，是"重点突出、详略得当"，而不是"文山会海、繁文缛节"。反观很多企业流程结构化往往陷入两个极端，一个极端是"缺乏结构化"，另一个极端是"过度结构化"，具体如图11-1所示。

缺乏结构化
- 不受任何约束
- 过程不可重复
- 无衡量标准
- 没有文字记录
- 尝试其他做法

结构化平衡
- 平衡的结构
- 适度
- 不断改进
- 适用所有项目

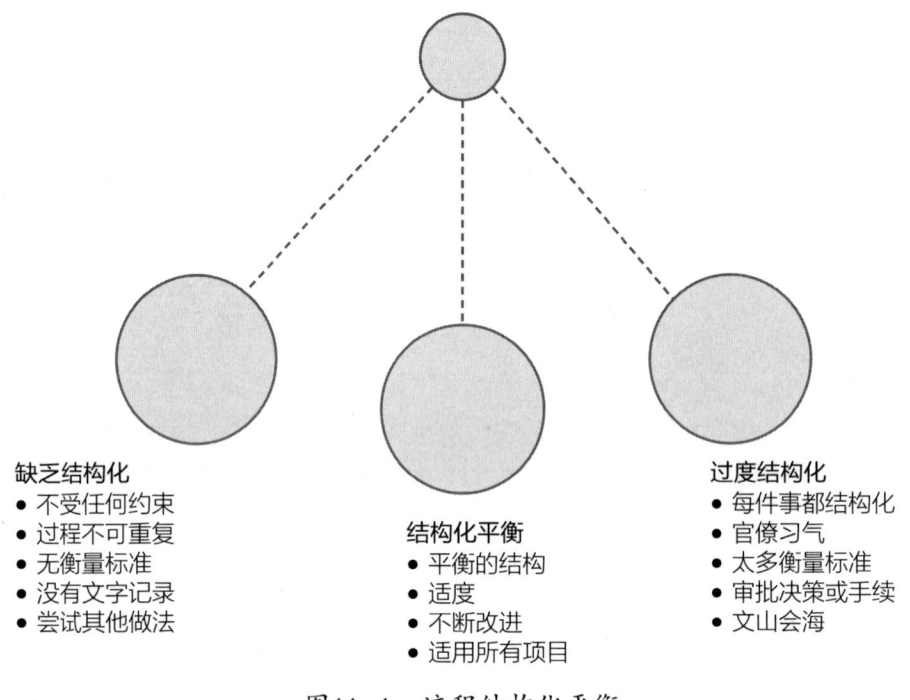

过度结构化
- 每件事都结构化
- 官僚习气
- 太多衡量标准
- 审批决策或手续
- 文山会海

图 11-1　流程结构化平衡

1. 缺乏结构化

L公司新产品开发过程缺乏结构化，大部分工作未清楚定义出来。在工作推进上缺乏一致性，每个开发项目组单独定义自己的工作。例如，有的项目组定义了20项任务，有的项目组定义了100项任务。这样就无法一致衡量其进度、管理其过程，也无法用标准时间周期估算制订进度计划。新产品开发没有一个共用的、结构化的流程架构，开发过程管理很难有效测量、监控和管理。

2. 过度结构化

M公司的做法与L公司恰恰相反，M公司详细地定义了新产品开发流程结构，为了控制每个细节，把每项工作应如何完成、完成后应该是什么样子的都定义好。典型特征就是以文档资料为基础，为新产品开发全过程制定一套详细的文档，并规定文档的审批程序。每项任务完成都受文档准备、审核、批准的控制。实现这种官僚的管理方式需发布一本厚厚的新产品开发管理规章制度，且带有详细的检验标准，规定这些项目任务应如何完成。按这样的做法操作，新产品开发往往要花更长的时间，带来了过高的管理成本。

3. 结构化平衡

结构化是在原则与创造力之间寻求一种平衡。一个深思熟虑的结构并不会阻碍创造力，它允许团队把精力集中到实际业务和专业技能上，并复制成熟的结构。这一方面需要具备可重复、可衡量的过程，另一方面需要对新思想、新方法采取灵活开放的态度。正确的结构层次可以平衡这两个方面，提供适度的流程层次结构，在过程中适当时机定义步骤，并且可以衡量、监测、管理、持续改进。

三、案例：缺乏"流程架构"局部虫瞰

Z公司是500强企业，公司非常重视流程管理，也投入大量精力做流程管理，但是缺乏清晰的流程架构，实际业务运行存在以下问题。

1. 流程"段到段"

缺乏架构"全景蓝图"的指引，流程未能全面衔接、整体拉通。不清楚每个流程在全景架构中的位置，不清楚流程与上游、下游流程的前后衔接关系，流程呈现局部、片段、零散的特点，虽抓住了细节，但丧失了全局。流程推行后各部门衔接信息断点、相互推诿和扯皮，组织运营"肠梗阻"或"胃溃疡"。数字化系统也未拉通，数据质量差。

2. 流程"重复设计"

缺乏流程域—流程—流程组—活动的层次划分，导致流程重复设计。以采购业务为例，因为缺乏架构的统一和规划，导致重复设计不同类型的采购流程。每种物料采购都设计一个采购流程，带来极大的管理成本。其实在统一的架构规划下，不同类型的采购可实现能力集成，不同类型物料的采购流程都是从采购需求到付款，关键活动应包含采购需求—采购计划—供应商匹配—合同签订—到货验收—测试验证—付款。当下共享平台的建设很"火"，如财务共享系统、人事共享中心、集采共享平台，共享平台背后的业务场景是一类共性业务域，是一类能力，所以可以实现共享。在流程架构统一规划下进行业务识别，避免流程"重复设计"。

3. 流程设计"问题导向式"救火

缺乏流程架构规划，流程建设过程中无法把握端到端场景，实现业务管理闭环。流程建设问题导向突出，习惯通过流程解决"业务痛点问题"，总是"头疼医头、脚疼医脚"。没有把问题放在端到端的全场景思考，没有洞察业务本质，没有从源头上分析根因，没有基于根因设计针对性的解决方案。解决问题总是"按下葫芦浮起瓢"，解决了一个问题可能制造出两个新问题。流程越做越复杂，流程间相互矛盾、相互冲突。

4. 流程设计"脚重头轻"

缺乏流程架构规划，高阶流程难落地。流程停留在执行层面，流程设计往往在执行层面描述业务，未能服务于经营管理目标，流程设计"脚重头轻"。流程工作缺乏高层参与。例如，新产品开发流程中高层有决策评审流程，决策评审流程把新产品开发作为一项投资行为进行管理，应该通过流程架构规划明确高阶流程的业务活动，让高层能参与到流程工作中，管理运营效率，实现业务目标。例如，Z公司工程建设业务板块强调建设项目的计划与运营，所以计划集成管理就很重要，包含交付计划、开工计划、资金计划、承建商开发计划、供应商开发计划，这个计划集成的流程负责人就应该是工程建设板块的高层。

四、流程架构设计：从虫瞰到鸟瞰

流程架构需厘清层次结构，实现"从虫瞰到鸟瞰"的系统思考，明确每个流程在总体架构中属于哪一节、哪一段，清晰定义、前后衔接、左右拉通。流程架构作为蓝图指引把握全局，流程建设才能全局视角、重点突出、立竿见影。

1. 流程架构是业务本质的真实反映

流程架构是对业务的解构，是业务本质的真实表达。流程架构从业务域—流程组—流程—活动分层展开，上一级包含下一级，下一级通过逻辑关系组合形成上一级，具体如图11-2所示。流程架构从宏观到微观、从整体到局部、从组织到岗位，清晰识别各业务关键活动，厘清活动的逻辑关系，能清晰看到某一段在整体中的位置、接口，把岗位、部门、业务板块的工作进行串联和拉通。

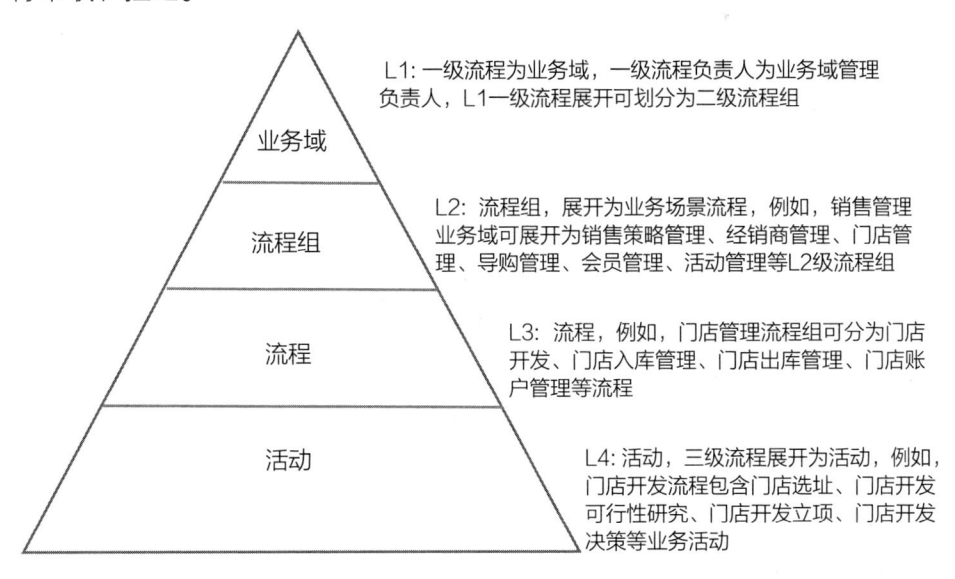

业务域　L1：一级流程为业务域，一级流程负责人为业务域管理负责人，L1一级流程展开可划分为二级流程组

流程组　L2：流程组，展开为业务场景流程，例如，销售管理业务域可展开为销售策略管理、经销商管理、门店管理、导购管理、会员管理、活动管理等L2级流程组

流程　L3：流程，例如，门店管理流程组可分为门店开发、门店入库管理、门店出库管理、门店账户管理等流程

活动　L4：活动，三级流程展开为活动，例如，门店开发流程包含门店选址、门店开发可行性研究、门店开发立项、门店开发决策等业务活动

图11-2　流程架构层次

流程架构的层次关系：从价值链、业务域、流程、活动分层分级展开，

活动也可结构化，活动有关键控制点、关键决策点、操作表单、参考标准、管控机制。一级流程（体）是价值链、二级流程（面）是业务域、三级流程（线）是业务场景、四级流程（点）是操作模板/标准/审批。下面以A公司流程架构为例对流程架构层次关系进行说明，如图11-3所示。

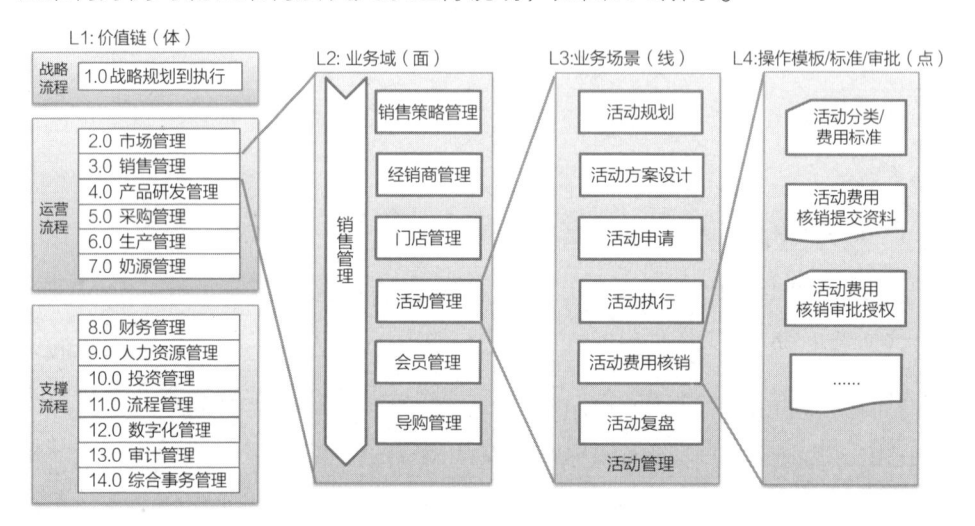

图11-3　A公司流程架构层次关系示意图

流程架构映射组织架构：流程架构是业务层次，组织架构是面向业务的资源组织方式，所以组织架构是流程架构的动态演绎。流程架构在建立责任人机制后才能落地生根，流程责任人也是从流程架构出发依据组织层次进行匹配，流程架构各层次责任人对应组织架构各层级责任人。A公司流程架构映射组织架构，基于组织架构责任人任命各级流程责任人，具体如图11-4所示。

2. 流程架构设计四原则

流程架构设计秉承上承战略、下落业务、前接客户、后推组织的原则。精准的流程架构是高效运营的基础，是管理改进的蓝图，是组织能力提升的基石，是公司核心竞争力的体现。

- **架构设计原则之一"上承战略"**：从战略举措、商业模式、经营策略、管理重点出发对流程架构进行顶层思考，让流程架构有"灵

第十一章 架构，全局鸟瞰而非局部虫瞰

分类	第一级（L1）业务域			流域负责人
战略流程	1.0 战略规划与执行			
	战略规划	战略执行与监控		总经理
	品牌战略	品牌传播	产品管理	市场总监
运营流程	2.0 市场管理			
		媒介公关管理	品牌资源管理	
	3.0 销售管理			
	销售策略管理 副总经理	经销商管理	门店管理 渠道运营总监	导购管理 销售运营总监
	4.0 线上业务管理			
	线上销售策略管理	线上经销管理	平台及门店管理	线上客服管理	线上业务总监
	5.0 营养业务管理			
	营养渠道管理	HCP管理	学术推广管理	营养活动管理	营养总监
	6.0 供应链管理			
	供应计划管理	供应商管理	采购管理	仓储管理	物流配送管理	销售运营总监
	7.0 会员互动管理			
	会员营销	会员服务		会员调查	会员互动部经理
支撑流程	8.0 财务管理			
	财务预算管理	业务财务管理	资金管理	税务管理	财务报表与分析	审计管理	财务部经理
	9.0 人资行政管理			
	组织与人才规划	人才招聘与配置	人才培养与发展	薪酬绩效管理	干部管理	员工关系管理	行政管理	人资行政总监
	10.0 销售标准化管理			
	销售目标管理	数据管理		流程管理	数字化管理	销售运营总监

图11-4 A公司流程责任人任命

魂"，支撑经营管理目标，带着经营目的和管理意图去架构流程。例如，公司战略举措是控制成本，流程架构就需承载成本领先思想，架构中就要体现对成本的管控。又如，战略举措是产品创新，架构需承载市场需求管理、产品概念创新、产品定义差异化。用战略思维架构流程，赋予流程"灵魂"，让流程架构"有核心思想"。

- **架构设计原则之二"下落业务"**：从业务绩效、组织运营、部门职责、权责分工、流程文件出发实施现状盘点，进行业务运营逻辑"还原"。现状盘点在于"写真写实"，深入进行"业务识别"。复盘组织"管理痕迹"，模拟组织"运营逻辑"，进行架构尝试性链接，设计业务主价值链。盘点后进行标杆对照，对流程架构进行完善，让流程架构设计贴切。实现流程架构突破与跃迁，对标需要融入业务适配和组织适配思想。各行业都有标杆企业和业务域标杆流程架构或模型。例如，供应链领域有SCOR模型，研发领域有IPD架构，信息和通信服务行业有eTOM架构，汽车产业有IATF16949。

- **架构设计原则之三"前接客户"**：从客户出发，以终为始思考，应用"价值视角""闭环视角""拉通视角"。价值视角是从客户中来，到客户中去。例如，从客户需求到客户满意、从客户问题到解决、从客户意向到现金，端到端关注客户价值实现。"闭环视角"思考流程接口与流程闭环，判断业务场景流程定义，判断流程唯一性。业务场景闭环是真正意义上的"从开始到结束"，关注端到端、关注流程接口、关注流程断点、关注流程重叠。拉通视角从客户需求开始拉直组织内部岗位，以始为终，无缝衔接，全程贯通。

- **架构设计原则之四"后推组织"**：流程牵引组织架构设计，流程是组织的动态演绎，流程牵引流程型组织构建，流水线的效率最高。流程架构设计过程融入组织要素，包含组织架构、管控模式、组织岗位职责、组织绩效指标、组织协同方式、组织工作接口。用流程架构推进组织优化，实现流程型组织再造，更好、更快、更敏捷、更高效地进行协同，提升组织效能。

流程架构既有高度又有重点，既有系统又有细节。设计完成后整理流程清单，指导流程建设。流程清单包含流程Owner、流程关键控制点、流程变革需求、流程KPI等要素，流程清单也是流程架构的重要组成部分，指导流程建设。流程清单具体如图11-5所示。

L1流程	L2阶段	L3核心业务子流程	流程编号	流程类型	部门	流程梳理责任人			是否已信息化	对应系统	流程梳理情况
						流程负责人	流程BP	流程IT人员			
供应链中心流程	销售到回款	外部销售计划管理	L-JHYW-001	业务类	销售部	XX	XX	XX	是	NC	已完成
		内供销售计划管理	L-JHYW-002	业务类	养殖服务部	XX	XX	XX	是	EAS	已完成
		生产计划制订流程	L-JHYW-003	业务类	工厂部	XX	XX	XX	是	NC	已完成
		采购需求计划流程	L-JHYW-004	业务类	采购部	XX	XX	XX	是	NC	已完成
		回款管理流程	L-JHYW-005	业务类	财务部	XX	XX	XX	否	NC	未规范
	采购到付款	采购策略制定流程	L-CGYW-001	业务类	采购部	XX	XX	XX	是	线下	已完成
		采购询比价流程	L-CGYW-002	业务类	采购部	XX	XX	XX	是	SRM	最近梳理
		采购招标流程	L-CGYW-003	业务类	采购部	XX	XX	XX	是	SRM	已完成
		采购合同管理流程	L-CGYW-004	业务类	采购部	XX	XX	XX	是	线下	最近梳理
		原材料物流流程	L-CGYW-005	业务类	物流部	XX	XX	XX	是	线下	最近梳理
		原材料入库流程	L-CGYW-006	业务类	工厂部	XX	XX	XX	是	NC	已完成
		原材料检验流程	L-CGYW-007	业务类	品管部	XX	XX	XX	是	NC	最近梳理

图11-5 流程清单

第十二章

责任，
业务负责人是流程责任人

一、谁来"梳理流程"

流程是路,谁来修路最合适?找到正确的修路人,用统一的方法、全局的蓝图架构、精准的策划、强力的组织、动力的机制才能形成流程变革的推动力,采取高效的行动才能带来改变,获得正确的结果。反观很多企业,流程管理职能在组织中定位高度不够,流程工作是"隔靴搔痒""零敲碎打""业务翻译",流程文件被"束之高阁",流程工作难产生价值,那么应该由谁来梳理流程?

1. 体系管理"梳理流程"

很多企业缺乏专门的流程管理部门,流程工作推进各有所图:有的是为了应对内审或外审,有的是从运营出发进行管理提升……流程工作可能由体系管理部、企业管理部、运营管理部、质量体系管理部等部门负责,企业管理部和运营管理部推动流程工作是一种不错的选择,这些部门承接战略、把控运营指标、理解经营问题,具备考核权且靠近权力中心,有更多的方式和手段调动业务资源,且有一定组织力和推动力。推动力很重要,如果流程工作在组织中缺乏推进势能,就很容易与业务脱节,陷入流程部门的"自娱自乐",业务与流程"两张皮",最终"劳民伤财",制作了一大堆流程文件,但文件脱离业务实际,无法落地,更不要说解决业务问题。很多流程专业人士认为流程是一门专业,其实流程没那么"专业",流程就是业务,理解并反映业务本质,与业务融合为一体才能做好流程。

2. 业务骨干"梳理流程"

流程即业务,业务骨干是梳理流程责任人?看似正确但又不完全正确。"如果业务骨干能梳理好流程,那么公司的管理早就进步了。"单独的业务部门难以梳理好流程,具体原因如下,一方面人性都是趋利避害的,每个业务部门都会从自身角度出发界定"责、权、利","权力多一点、责任小一点"是自然选择;另一方面业务骨干缺乏"流程素养",流程是业务的"高度浓缩、深层提炼、最佳实践",做好流程既需要业务理解又需要"流程素养"。业务专家理解业务的"粗枝细叶",习惯"打仗",很难建好"连队"。构建流程的过程中很多时候是"当局者迷,旁观者清,全局者明"。业务骨干要深度参与流程变革,但不能仅仅由业务骨干构建流程,如果仅由业务骨干构建流程,最后"谁梳理的流程长得像谁""流程段到段""流程文件相互冲突""局部最优但丧失全局"。

3. 数字化"梳理流程"

很多公司将流程管理职能并入数字化,初衷是流程助力数字化转型。某企业数字化总监曾说:"数字化转型,业务流程变革要先行。"近几年疫情加速数字化进程,数字化概念也很火,很多企业"敢下数字蓝海",在数字化上投入巨额资金,但效果都不太好。根本原因在于企业战略、流程基础、信息系统基础、数据基础等缺乏支撑,这些都需要流程变革去推进。"马车即使装了发动机也跑不快",数字化职能偏支持,很难推动业务改变,很难让变革发生。数字化梳理流程可能陷入流程工作侧重厘清数字化系统建设需求,流程更多充当业务"翻译角色"。

二、流程责任人需要"将支部建立在连队上"

流程责任人在组织中落实需要"将支部建立在连队上"。依据流程架构层次明确各级流程责任人,各级业务负责人就是各级流程责任人,将流程管理形成组织例行机制。流程管理部牵引各业务域、各业务场景持续进行流程建设、优化、变革,并形成一体化运作。各级流程责任人以月度为单位收集与分析流程变革需求。需求来源可能包含年度流程建设规划、经营管理问题、组织架构调整、审计问题、业务流程扫描、质量问题、跨部门协同难点等。流程管理部汇总需求,进行分层分级的管理,结合需求紧急重要程度制订流程变革推进计划,对重大的变革项目实施端到端管理。某公司流程管理组织职责如表12-1所示。

表12-1 某公司流程管理组织职责

流程管理组织	职 责
流程管理部	负责流程的框架制定、规划、赋能、项目管理、评审、标准建设、文件管理。 ● 流程框架制定：流程框架的梳理，端到端拉通主业务流程； ● 流程规划：流程建设整体规划，通过流程变革提升业务运营效率与质量； ● 流程赋能：负责流程建设赋能，持续提升各级组织流程管理素养与专业能力； ● 流程项目管理：负责重大流程项目组织与推进，负责流程项目中的流程建设工作； ● 流程评审：组织流程评审，对输出的流程文件质量进行把关，组织流程执行监控； ● 流程标准建设：负责流程管理相关标准、流程建设，指导业务单元依据标准实施； ● 流程文件管理：统筹集团的流程文件管理，包含流程新增、优化、删除的登记、存档
流程域负责人（GPO）	负责业务域流程建设、流程架构、流程变革、流程Owner机制。 ● 流程建设：业务域流程建设统筹、规划、组织，对管理的业务域流程绩效负责； ● 流程架构：定义业务域流程架构，识别部门职责与接口，推进业务域流程高阶拉通； ● 流程变革：从战略调整、标杆学习、经营突破、管理提升等出发识别流程变革需求； ● 流程Owner机制：高层支持与推动，建立流程Owner机制，支持流程经理工作展开
流程经理（BP）	负责流程需求管理、建设、推行、文件管理、运营管理工作。 ● 流程需求管理：汇总、归口所在业务域的流程变革与流程优化需求； ● 流程建设：组织流程Owner、业务相关人员依据流程管理标准实施流程梳理、流程评审、流程文件发布，统筹业务域流程建设工作； ● 流程推行：组织流程推行，包括流程培训、流程宣传、流程落地试运行； ● 流程文件管理：统筹业务域流程文件管理，包含文件新增、优化、删除的登记、存档 ● 流程运营管理：构建持续优化、闭环的流程运营管理模式，营造流程持续改进的氛围

续表

流程管理组织	职责
流程Owner	流程Owner对应流程的优化需求提交、设计、培训、执行监督。 • 流程优化需求提交：从业务场景发展规划、标杆学习、跨部门协同、过程质量、客户抱怨与投诉等问题出发反思流程优化需求，提交流程优化需求给流程经理； • 流程设计：组织流程设计，清晰定义流程角色职责、输入、输出、标准、规范、制度，输出清晰、简洁、可落地的流程文件； • 流程培训：负责对应流程落地培训，指导业务实操落地，提出IT系统固化需求； • 流程执行监督：关注流程、对应IT系统执行落地情况，进行监督和问题统计

三、流程变革组织强化变革领导力

流程变革帮助企业更高效地完成从当前状态向目标状态的过渡。变革本质上是人与文化的变革，也是人的思维方式与行为方式的变革。变革是全体员工的责任，只有获得全员支持和参与才能成功。思维决定行为，变革的力量来自思维方式的转变，转变思维方式和改变习惯并不容易，变革需要强有力的"变革领导力"。变革启动前要营造变革紧迫感、描述变革愿景、制定变革策略、建立强有力的流程变革组织。变革实施中要聚焦核心经营问题、突破管理瓶颈、改变业务行为，积小胜为大胜，不能陷入"流程专业主义"泥潭。流程变革组织是一体化的变革运作组织机构，包含流程变革项目总监（流程变革领导小组）、流程变革项目经理、流程变革小组，具体如图12-1所示。

1. 流程变革项目总监（流程变革领导小组）

流程变革项目总监（流程变革领导小组）组织流程变革策划、实施重大变革点推进、检验变革绩效、评定项目成员贡献。流程变革领导小组应由高层组成，"一把手"亲自参与。如果流程变革领导小组仅由部门负责人组成是不够的，因为各部门相互博弈，难以达成变革共识。流程变革领导小组成员应具备全局意识、公司立场、价值导向、权威形象，进而形成变革推动力。流程变革领导小组成员一般为3~5人，以避免"议而不决"。流程变革领导小组承担变革成功的责任，保障在变革推进过程中对项目的关注，投入时间和精力，把握重大变革决策。

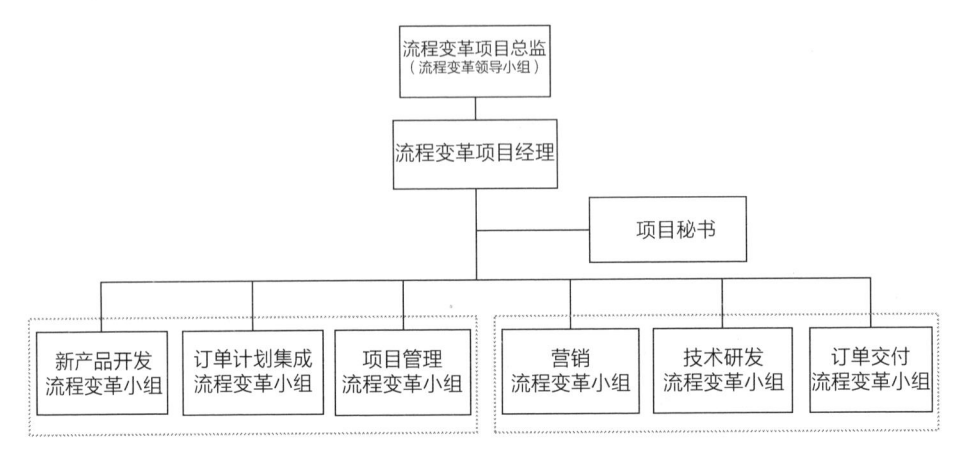

图12-1　流程变革组织

2. 流程变革项目经理

流程变革项目经理是项目策划者、推进者、组织者，专业上应具备业务流程架构和组织架构规划能力：熟悉业务现状与问题，理解业界最佳实践，能将公司的"老业务"与业界"新实践"相结合，具备经营管理问题洞察力，能够策划解决方案。另外，流程变革项目经理要具备变革组织力和推动力。变革推动力体现在，流程变革项目经理在内部有一定权威，甚至权威高于部门负责人，通过过往成功业绩得到内部认可，团队成员愿意追随。流程变革项目经理负责变革项目日常管理，向流程变革领导小组汇报项目进展与成果。

3. 流程变革小组

流程架构牵引下形成"1+1+1=111"流程变革小组，三个"1"分别代表三类要素能力：业务能力、流程能力、数字化能力。流程变革小组应该是跨部门团队的组织模式，流程变革小组组长应是业务场景的责任人。变革实施需深入业务诊断、洞察瓶颈问题、分析问题根因、共创解决对策、设计业务流程、实施试点验证、沉淀流程标准、固化数字化系统、持续优化改进。流程变革小组在推进过程中不能"唯流程论",搞"文山会海"。流程是将成功的业务实践进行封装,为业务创造价值才是正确导向。

流程变革组织中可以考虑引入外部顾问团队。真正意义上的变革是对责、权、利的重新分配,变革过程处理不当将导致一些人站在对立面。顾问却有天然优势,顾问是中立促进者,提出的建议具有公信力。并且顾问具备结构化、系统化的知识架构,内部团队更多是点状的知识,结构化的知识架构才能在业务实践中打出"组合拳"。

在流程变革实施过程中,可以借鉴华为的变革成功哲学,秉承七个反对:坚决反对完美主义,坚决反对烦琐哲学,坚决反对盲目创新,坚决反对没有全局效益提升的局部优化,坚决反对没有全局观的干部主导变革,坚决反对没有业务实践经验的人参加变革,坚决反对没有经过充分论证的流程进入实用。衡量变革是否成功,最终要看粮食产量是否增加,盈利能力是否提高,战斗力是否增强。

第十三章

设计，
客户价值导向的组织再造

一、流程设计水平"三段位"

流程是客观存在的，业务流是天然的端到端，做好流程的关键在于流程设计。将企业比作一栋房子，房子的美观、宜居、坚实、牢固，不在于房子建造施工时每一块砖砌得多好，而在于房屋的设计水平。很多企业流程人员做流程难以创造价值，根本原因在于流程设计水平不够。流程专家应该是"企业架构师"。流程设计水平可被划分为三个段位：描述业务、解决业务问题、牵引业务变革。

1. 描述业务

大部分流程专家停留在该段位，用流程描述先后顺序与逻辑关系，即使梳理了流程，对业务并未有明显实质性提升。业务部门可能还觉得流程某些点与业务实际不符，流程最多起到"规范"的作用，难以促进业务发展和带来改变。描述业务的根本问题在于更多地从现有组织出发，把流程当作企业内部的业务活动，最后梳理出来的流程更多的是组织行为规范。

2. 解决业务问题

部分企业流程经理能通过流程解决业务问题，他们会从业务问题切入，将问题回归到具体业务场景，用流程思维来分析问题，将解决问题对策用流程来呈现，带来业务改善和提升。此做法可取，一定程度上带来效率和质量提升。但是，实际解决业务问题还是在原有组织与体系内部，较难实现大的再造。其实，解决一个层级的问题必须到更高层级去寻求解决方案，解决部门的问题要到公司层面；解决公司层面的问题要到产业层面。

3. 牵引业务变革

牵引业务变革是流程设计水平的最高段位，变革代表"转变观念、改变行为"，很多企业谈变革都仅仅在组织架构层面，实际流程是变革的载体，流程牵引组织变革。业务变革需要跳出来看，跳到客户和价值层面来再造流程，将流程与组织视为一体。为了创建更高的客户价值，需要识别有哪些增值活动，并围绕它们进行分工与协同，以实现以客户为中心的流程再造。

二、流程设计五维分析法

流程是业务的解决方案，应该被当作产品来进行设计。流程设计是有方法的。流程设计源于实践，否则难落地，但又要高于实践，否则难以牵引业务变革。在流程设计牵引下，组织能力建设就不会迷失方向。流程设计领先业务半步。流程设计五维分析法牵引业务变革，具体如图13-1所示。

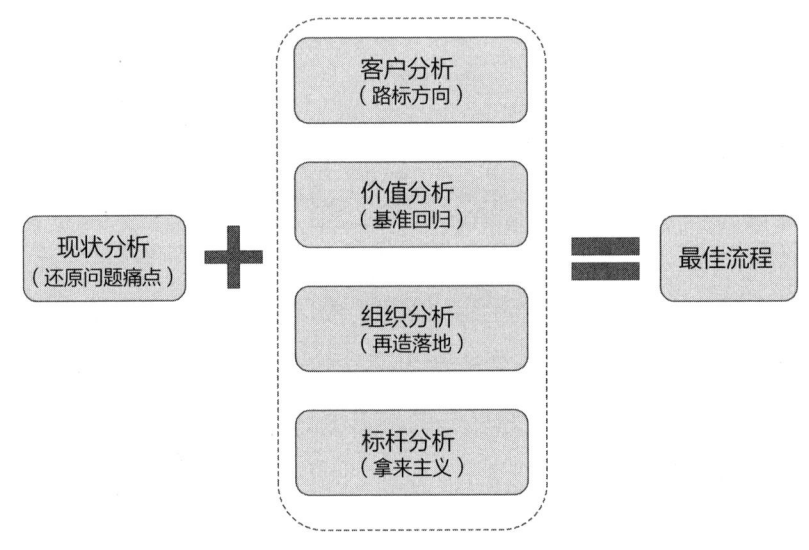

图13-1　流程设计五维分析法

1. 现状分析

流程源于实践又高于实践，首先要对现状进行分析，分析源于业务的现实，但又不能局限于现实。基于现状分析进行复盘，复盘现状的业务逻辑，围绕管理意图进行偏差识别，分析业务场景的效率、质量、成本，定位业务痛点与问题，识别业务流程的断点、重叠、价值。现状分析重点在于写真写实，并且识别流程运行的驱动因素，如职责、绩效、激励。现状分析是"走近业务现实看"，深度洞察业务现实，为流程再造提供输入。

2. 客户分析

流程为客户而生，任何一个流程如果未清晰指向客户，那么要慎重评估其存在的必要性。客户可能是外部客户，也可能是内部客户。客户分析最核心的就是要洞察客户需求，明确为何做，满足客户需求的输出是什么，客户满意度如何保障，客户对流程价值的感知如何。任何流程如未清晰定义客户需求，那么要慎重评估流程质量。客户分析是"跳出内部，站到终点往回看"。这为流程设计提供了广阔的空间和新的视角。洞察客户需求，以客户需求为基点识别客户价值创造的关键要素，从这些关键要素出发，流程设计就不会迷失方向。

> **案例**
>
> 华为早期ITR流程变革刚开始不关注客户，基于不同产品的不同问题进行技术定级，然后相互争论。其实问题源于客户，客户是最着急的，不去关注问题对客户的影响，不基于问题对客户的影响来评级，而在内部争论，必然导致客户不满。进行客户分析后带来ITR流程的改变：基于问题对客户的影响来定级，客户很清楚有多少用户被影响了。通过数量、时间、重要性三个要素来定级，然后所有的内部考核先放一边，先解决客户的问题。ITR流程变革支撑公司快速响应客户问题，其他一切都要服从这个目的。

3. 价值分析

增值是流程的天然属性，前提是产出大于投入，增值活动组合形成企业的价值流。如果一个流程不增值，那么对于企业是灾难，如果一个活动不增值，那么在流程中也要坚决被剪裁掉。增值从字面理解就是增加对客户的价值。面向客户创造了哪些价值？通过哪些活动实现了价值创造？没有创造哪些价值？缺少哪些价值创造活动？价值分析是回归，为流程活动分析提供基准，定位客户价值、评估价值实现、管理活动价值，让流程设计精准、简单、高效。

4. 组织分析

组织承载流程，流程是组织的动态演绎，组织分析推动流程再造，流程设计成果落地最终需要通过组织变革承载。流程做了简化，那么有的岗位可能会被取消，流程增加了价值活动，那么有的职责可能要增加。组织分析着重从客户价值的流程设计与现行组织岗位对应审视，识别差距和问题，明确组织变革的方向。组织分析奠定流程设计成果落地基础，让流程设计在组织现状的基础上跃迁，牵引以客户为中心的流程型组织变革。

5. 标杆分析

标杆分析带来外部成功实践，给流程设计带来外部视角。行业内对标是快速的行动学习方法，标杆分析的关键在于分析标杆企业流程领先的关键要素，流程成功背后的商业模式、关键成功要素、组织能力支撑。当然，任何管理方法和工具落地都有边界条件，学习标杆企业、借鉴标杆企业的同时要与自身实际情况相结合。标杆分析是"拿来主义"，可实现快速学习，缩短学习曲线的时间，"拿来主义"是手段，"实用主义"是纲领。

三、流程落地"ESEIAB"优化

流程设计完成需落地试运行，在试运行过程中要对流程进行检视，应用ESEIAB工具进行检视，对流程进行适配优化，让流程无穷接近合理。ESEIAB工具如图13-2所示。很多人把ESEIAB当作流程设计工具，实际上是流程落地的优化工具。流程设计不基于客户、价值、组织、标杆等维度分析，是无法设计出导向客户的流程的，也难以牵引组织变革。

1. 完善（Establish, E）

完善流程关键控制点、标准，依据管理意图关注流程的活动、标准、输出是否需要进一步完善。例如，有的业务场景强调效率或强调成本控制，流程是如何满足业务侧重点和实现业务管理意图的，关注是否需进一步完善。

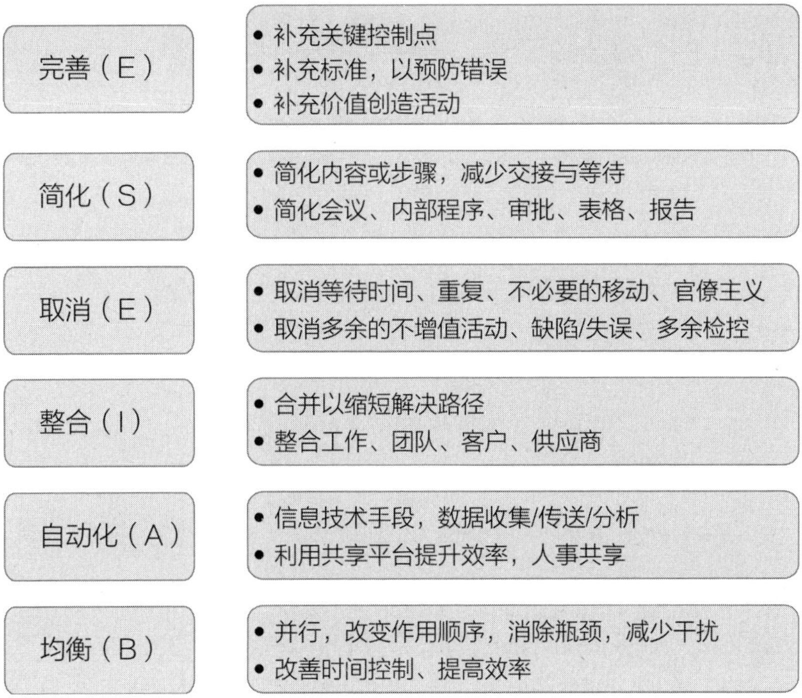

第十三章 设计，客户价值导向的组织再造

完善（E）	• 补充关键控制点 • 补充标准，以预防错误 • 补充价值创造活动
简化（S）	• 简化内容或步骤，减少交接与等待 • 简化会议、内部程序、审批、表格、报告
取消（E）	• 取消等待时间、重复、不必要的移动、官僚主义 • 取消多余的不增值活动、缺陷/失误、多余检控
整合（I）	• 合并以缩短解决路径 • 整合工作、团队、客户、供应商
自动化（A）	• 信息技术手段，数据收集/传送/分析 • 利用共享平台提升效率，人事共享
均衡（B）	• 并行，改变作用顺序，消除瓶颈，减少干扰 • 改善时间控制、提高效率

图13-2 ESEIAB工具

2. 简化（Simplify，S）

流程简单就是美，管理简单就是好，简单才能高效，高效才能易用。关注信息传递、内部程序、会议、报告、审批等是否需要进行简化。内部信息传递、内部程序是优先被简化的对象，可能包含简化表格、简化程序、简化审批、简化记录、简化会议、简化报告。

3. 取消（Eliminate，E）

基于客户价值创造取消不增值的活动、输出、传递。取消是为了提升效率、降低成本。取消不增值的活动、等待时间、不必要的移动、由部门分割导致的多余检控，实现信息传递、供需直接匹配的端到端。例如，瓜子二手车"不让中间商赚差价"在产业链中应用取消原则，重塑客户价值。某公司采购需求管理取消需求传递、需求接收等中间环节，提升业务效率和信息质量，具体如图13-3所示。

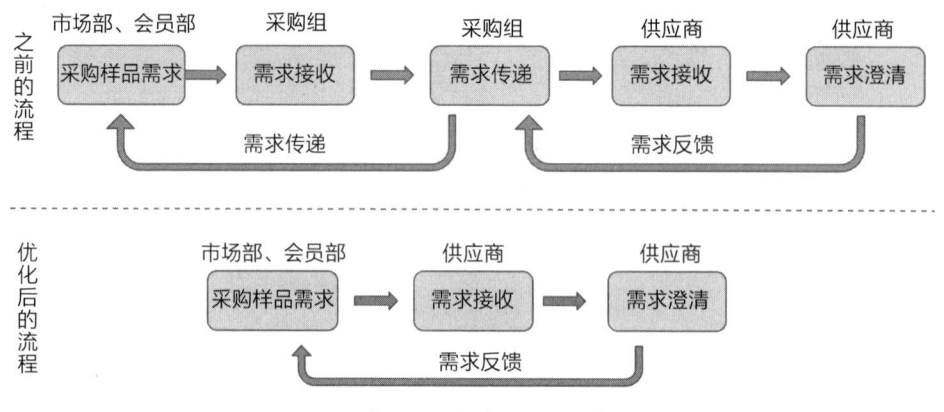

图13-3　采购需求管理取消中间环节

4. 整合（Integrate，I）

整合可以提升效率。整合从组织维度出发，可能包含整合信息、整合活动、整合岗位、整合职责。通过整合可以对冲组织对客户价值的无情割裂——相同的信息在不同的部门间来回传递，合乎自然的工作过程被组织分割，广泛的信息交流被用来对付非自然分割。分割成块的活动应重新聚合到一起，回到原来的状态，而不是加快内部的传输速度，这就是整合的核心思想。

5. 自动化（Automate，A）

自动化更多的是从数据视角出发，数据源于流程。自动化提升流程效率，包含数据采集自动化、数据传送自动化、数据分析自动化等。将数据从一种格式转变成另一种格式，或者从一个人转送给另一个人，从一个系统传输到另一个系统，都是自动化的首选对象。

6. 均衡（Balance，B）

通过均衡，消除流程瓶颈和复杂流程。流程瓶颈造成一个流程内部的各个环节运转不均衡，复杂流程导致相关的业务运作不均衡，这些都会导致工作的积压、效率和质量的下降。消除复杂流程和瓶颈流程的方式：攻坚、回避、并行、分解等，保持流量均匀和平衡。

四、流程设计"四十八字"方针

将流程作为管理对象,用一条"流转的线"把流程六要素串起来。六要素是流程的基本骨架,要比具体流程图更优先考虑。在画具体的流程图前,应该先填一个表格,把六要素"输入、活动、活动关系、输出、价值、客户"说清楚,应该从右往左逐一把这些要素弄清楚,而不是从左往右。很多企业管理者困惑于流程设计,他们按从左往右的顺序进行,先看流程的输入,最后看流程的输出,价值和客户可能根本不提,结果越看越觉得在用的流程图合理。应首先问:"这个流程最终是为谁服务的?"弄清这个问题才能设计出合理的流程,很多企业从来没有思考过这个问题。结合流程设计最佳实践,总结出"四十八字"方针。

1. 谁用谁建,执行设计,最佳实践

业务负责人是流程第一责任人,谁应用流程谁主导建设,参与执行的人员参与设计,进行知识经验萃取,结合内外部最佳实践,应用五维分析法进行沉淀。

2. 前后衔接,横向拉通,纵向对齐

流程前后衔接,从客户出发进行组织拉直,用横向的特征拉通组织、部门、岗位,厘清工作接口,推动流程型组织构建,纵向对齐职责和绩效指标。

3. 结合实际,八零二零,即写即用

流程源于实践,但又高于实践。构建流程关键在于把握重点,把握业务最关键的20%的价值创造活动。通过实践检验,在实践中检验、修正,实践是最好的老师。

4. 先想客户,再想组织,简单高效

所有流程设计过程的原则、方法都是指向客户的,如果没有这一点,流程就失去了存在的意义。通过流程牵引以客户为中心的流程型组织构建,让简单、易用、高效的流程落地应用,更好、更多、更快、更低成本地为客户创造价值。

第十四章

固化,
数字化转型流程要先行

第十四章 固化，数字化转型流程要先行

一、数字化难转型

当前数字化转型很火，数字化的趋势在业界得到广泛认可，很多企业在数字化方面投入了大量资源，但是投入后产出并不明显。根本原因在于企业对数字化认知未达到流程变革的高度。数字化转型，流程要先行。数字化转型为何难？

1. 战略重视难

数字化转型是一项战略，而很多企业还是将数字化看作一项技术，数字化投入体现在招几个信息化技术人员，买几个信息系统，未真正在战略层面推进。数字化转型是"一把手"工程，数字化转型首先是业务管理的"褪毛"工程，并且要果断决策，持续推动下去。美的632转型的总负责人是方洪波，方洪波回忆美的632转型时说："有时候，一口气突破了、顶住了，可能就是一片新的天地。有时候没有憋过去，又回到起点。每年考虑数字化转型的投入时，便是最艰难、最焦虑的时刻，数额大至每年投几十亿元。这项投资没错，但无法预知。焦虑的就是未知。"但最终美的数字化转型成功，撑出一片新天地。

2. 管理支撑难

企业数字化能力进阶是从信息化阶段到数字化阶段。信息化是数字化的基础，信息化是以IT系统为工具实现流程封装，用信息技术手段打破信息孤岛。数字化是通过数据运营与管理，形成数据资产，用数据分析透视业务问题。很多企业尚处在信息化阶段，信息系统并不健全，也未实现业务拉通，信息系统应用率、普及率不高，管理基础不足以支撑数字化转型。

3. 流程变革难

转型就是"转行"，是"转变业务行为"。流程承载业务活动、数据、规则、标准，数字化转型背后不是数据、数字化系统的技术转型，而是应用数据的业务行为转变，更好地为客户创造价值，更精准地做决策。数字化转型原点是通过流程变革、数据拉通形成组织资产，再用数据资产反哺业务。

流程变革推行难，导致数字化转型缺乏原生驱动力。

4. 数据质量难

推行数字化首先直面的问题就是数据质量差，指标结果、报表数据不准确，需要耗费大量的人力、物力做数据治理，提升数据质量。其实数据源于流程，数据产生于流程中的活动，数据质量背后是业务行为。数据不准确导致经营管理报表也不准确，业务绩效结果不能得到真实反映，无法有效指导经营管理的决策。

二、流程与数字化的孪生关系

1. 业务流是客观存在的

从客户需求到交付产品的过程就是业务流，业务流是天然、客观存在的。确立了战略，设定了商业模式，其实就确定了业务流。要找到真实合理的业务流，用组织适配业务流，所有部门都围绕业务流或业务流对应的支撑流程展开工作。业务流最终抵达客户，实现价值创造。"条条大路通罗马"，但是总有最近的一条。所有与客户相关的业务流，天然都是端到端流程，在流程、运营、数字化工作中，业务流是一切工作基础和原点，紧紧抓住业务流，就不会偏离方向。

2. 流程是业务流的表现形式

流程是业务流的一种表现形式，是最佳实践业务流的总结、提炼与固化，是业务本质的真实体现。越符合业务流，流程越顺畅，如果流程恰好符合业务流，就不应该去简化流程。例如，如果业务流客观存在是5个环节，你一定要缩减到3个环节，或者硬要人为地增加到7个环节，都是不对的。流程客观地表现真实存在的业务流，它和客观的业务流越接近，流程就越畅通、越精简、越能体现现实。如果流程与客观业务流背道而驰，不搞流程还好，要搞全是多余的，需要通过流程把真实的业务流理解得越来越透彻。

3. 数据是流程的核心资产

流程集成贯通，本质上是数据集成贯通。数据是公司经营管理的核心基础，业务经营管理需要数据分析、数据透视支撑，数据不准确，经营情况无法得到真实反映，无法有效提升。在流程中流动的是信息，数据是信息的载体，数据包括结构化数据和非结构化数据。数据管理在流程与数字化中处于最核心的位置。工作中常见的现象是信息的入口没管理起来，使得进到流程中的都是没用的东西，流程是通的，但因为里面的东西没有价值，从而流程也是没用的。信息很关键，首先要把住入口。

4. 数字化是用技术固化流程

流程中流动的是信息流、物流、资金流，信息流承载着数据，数据在流程中表现为活动输入与输出。对于活动来说，作业输出需要满足下游活动输入需求，如果一个活动没有输出下游活动所需的数据，这个活动是不合格的，下游为了补救需要花费更大的代价。流程固化是端到端业务流通过数字化系统来支撑的，关键数据都被封装，实现从前到后的集成。数字化系统承载着业务流程及数据，系统支撑每个作业活动及活动的输出数据，通过系统固化流程实现数据间的集成、自动化，效率比人高，不依靠人来输入、转换数据，因为人是会犯错误的。数字化是用技术手段固化流程，在数字化系统中跑的是流程，本质上跑的是业务。

三、流程先行牵引数字化转型

1. 架构牵引，流程架构牵引数字化架构

TOGAF（The Open Group Architecture Framework）理论给出企业架构的概念，企业架构对企业构成要素结构和关系进行模型化描述，用途是进行经营管理策划、分析、信息系统开发。企业架构包含业务架构、应用架构、数据架构、技术架构。

- 业务架构：业务架构就是流程架构与组织架构的集成。流程架构是描

述业务结构和关系的模型，要尽可能把业务说清楚，包含业务发生的场景、管理策略、组织、角色、权限、流程、规则、标准、表单、报告、数据要求，这些完全是通过业务流程承载的。流程架构牵引数字化应用架构、数据架构、技术架构。

- 应用架构：应用架构承接流程架构，指导数字化系统定位和功能建设。应用架构包含应用系统、应用系统间的交互关系、功能模块、功能模块间的关系。通常在构建应用架构时需要根据业务流程、业务对系统的需求、系统定位、用途、建设顺序进行规划，规划哪些需要信息化、采用什么技术手段、拿什么来构建、构建顺序、需要前提等一系列内容。

- 数据架构：数据架构是数字化架构的核心，在数据建设过程中需要进行多方面的规划。数据架构包括数据和数据间的整合、数据的逻辑关系、数据治理与应用。数据架构的建设贯穿整个数字化系统架构，从最简单的数据治理到最终的数据决策与分析。数据架构建设工作包含明确定义数据域、系统数据之间的逻辑、系统数据集成交互统一、数据标准制定等。

- 技术架构：技术架构是支撑业务、数据、应用的逻辑软件和硬件能力的描述，也是支撑数据架构和应用架构的基础技术结构，主要包括基础设施、技术平台、组件、技术标准、技术逻辑等，具体包含安全管理、应用软件、应用平台、物理环境、系统管理等。

整体上通过流程架构牵引数字化架构，为数字化建设提供架构基础，在数字化架构的基础上推进流程就是围绕架构"添砖加瓦"。

2. 组织牵引，数字化转型"铁三角"

流程插足业务与数字化，实现从两脚站立到三脚站立的协同模式。通过流程牵引数字化转型需求，推动业务变革与转型，组成流程+业务+数字化的复合变革"铁三角"，在变革组织层面实现流程对数字化的牵引，具体如

图14-1所示。

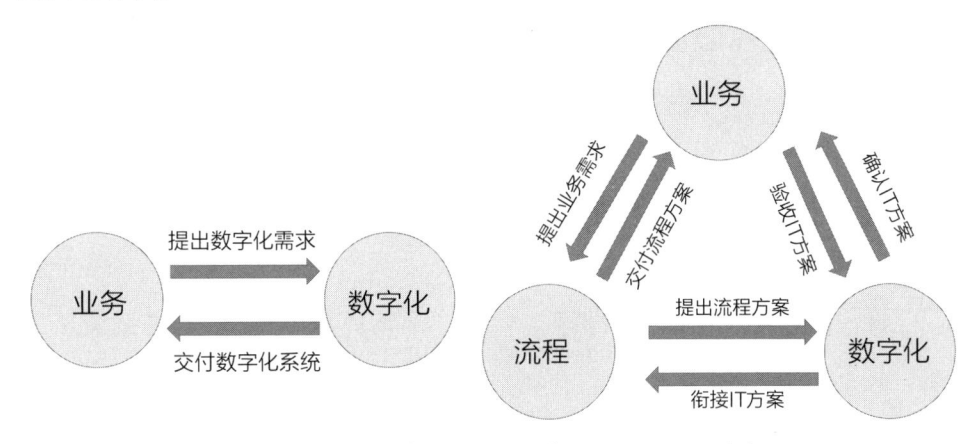

图14-1 从两脚站立到三脚站立的协同模式

- 左边——两脚站立：业务部门习惯将"需求"直接发给数字化部门，数字化部门进行需求设计和系统开发，这种工作模式很容易出现数字化系统难以支撑业务运行的状况。因为这种工作模式是点状问题驱动、局部导向、静态的，没有充分考虑端到端场景的管控重点，部分环节与实际业务流不符合、不匹配，导致最终不断"打补丁"，数字化系统需求与业务脱节，即使完成阶段性交付后，系统的很多功能也只能线上"吃灰"，而不是支撑业务绩效。
- 右边——三脚站立：流程、业务和数字化，形成完美数字化转型"铁三角"。流程在于对业务结构化、归纳、总结与提炼，将业务需求传递给数字化，实现业务和数字化承上启下。流程对数字化是否有效支撑业务流运行、切实解决业务问题、满足业务需求进行把关，逐步实现从"有需求找数字化"到"有问题分析流程"的转变。业务、流程、数字化促进意识、制度、机制的融合，形成完美"铁三角"。

3. 流程牵引，拉通变革管理全流程

流程变革是数字化转型的起点，在流程变革或优化规范业务前提下，再进行数字化系统实施与开发。基于流程、业务、数字化组成的"铁三角"，通过业务变革—流程固化—系统设计—系统开发四段论进行变革管理全流程

拉通，实现流程到数字化拉通。变革的关键是业务侧改变发生，数字化系统本身不会带来改变，改变都发生在业务侧。

- 业务变革：基于战略导向和问题导向，聚焦战略落地的关键环节或核心价值链，应用流程设计方法，推行业务流程变革，推动流程型组织构建，变革方案经过实践的试点验证。
- 流程固化：验证通过后进行流程固化，沉淀可解决业务问题的最佳实践，流程文件沉淀变革成果，沉淀下来的流程可复制、可推广到同类业务场景中。
- 系统设计：流程沉淀后实施数字化项目立项，评估数字化系统固化可行性。并不是所有业务变革都需要系统固化，系统固化的是标准化的、高频的、可复制的、共性的、关键的业务活动。立项通过后进行需求设计，将流程转化为系统功能逻辑。
- 系统开发：写代码、测试，将需求转化为代码，进行开发交付，交付后进行上线，并且上线进行验证，在业务侧再验证和评估改进的目标是否实现，最后验收整体项目。

流程变革与数字化开发流程拉通，总结出来就是四段论：业务变革—流程固化—系统设计—系统开发，在流程变革牵引下实现数字化系统转型，具体如图14-2所示。

四、数字化系统"用好与好用"

1. 何时进行系统固化

流程做到什么程度用系统固化？流程的成熟度可划分为不规范、有规范、有效、标杆四个阶段。进行系统固化的流程应该具备一定成熟度，经过实践验证，业务模式相对稳定和成熟，业务操作相对标准化，否则系统应用落地存在困难，或者陷入反复更改的窘境。

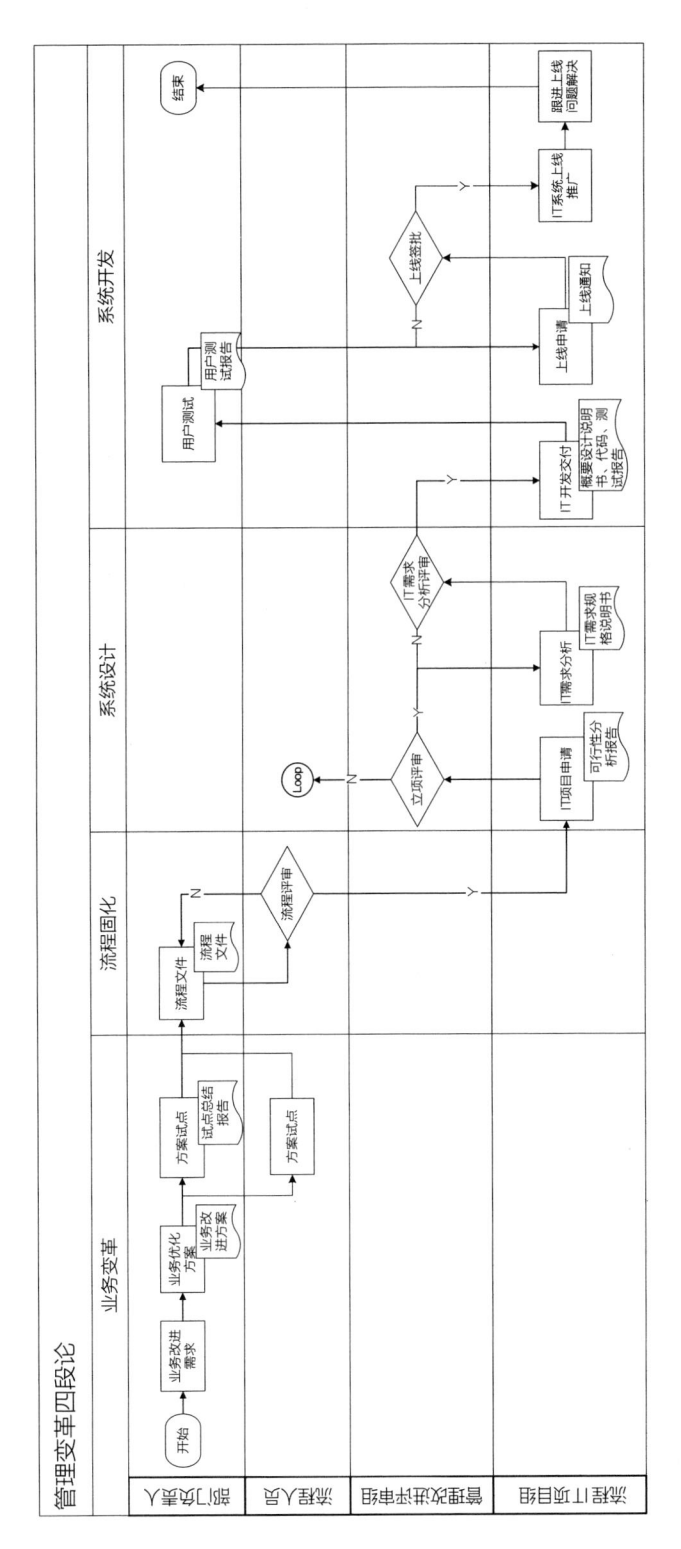

第十四章　固化，数字化转型流程要先行

图14-2　管理变革四段论流程

2. 固化哪些"活动"

是否所有流程都需要用系统固化？其实不然，端到端主流程属于最高优先级，如采购域的"采购需求到付款"、研发域的"需求到退市"。在固化端到端主流程前提下再固化支撑流程。流程中的活动是否都要上线固化？其实不然，一般情况下流程中的关键控制点、决策点、业务数据活动、跨部门接口数据需要上线固化。

3. 系统"封装"作用

系统将流程固化后成为业务"唯一管道"，强化业务人员对系统的使用率。例如，出差报销不走系统报销不了费用。用系统封装业务价值链主航道，规避业务风险，通过管理过程保障业绩结果。建立数据管理机制，对于业务应用不符合要求的操作行为进行约束，保障线上数据和真实业务相符。数据是流程的产出，数据是系统的价值，数据被用来支撑经营管理。

4. 系统应用执行监督

系统先要用起来，才能好用，最终用好。"用起来"要求对业务部门的应用进行督促，统计使用率，建立抓数据质量机制，实现主数据统一、业务数据规范。明确追责考核机制。推进系统应用落地和数据质量提升，结合应用问题与业务持续改进/推进系统持续优化、持续提升，实现系统"好用"。数据和系统提升经营管理，业务感受到价值形成螺旋上升后，就能实现"用好"。

第十五章

优化，
持续优化无穷接近合理

一、流程运营持续优化"管理主航道"

流程是变革的载体，是客户价值的基石，是效率提升的手段，是数字化转型的前提。通过长效的流程运营机制，对业务进行持续洞察、透视、抽取、提炼、归纳、总结、反思、改进、优化、变革，萃取最佳实践。流程运营持续优化"管理主航道"，通过持续优化机制使流程无穷接近合理，实现组织能力系统性提升。

1. 支撑战略目标达成

在成熟业务板块，战略方向和业务模式按既定方向推进，未必能明显感受到流程对战略的支撑。一旦外部环境变化、战略方向发生调整，企业调整的速度能否跟上战略调整的速度，这就涉及流程变革能力。战略落地需要组织信息的连贯性及组织快速调整的能力，这很重要，需要流程变革承载。所以"流程是变革的载体"，流程支撑战略目标达成。诺基亚就是因为组织调整速度不够，导致"我们没做错什么，但是被淘汰了"。

2. 探索最优业务模式

业务模式确立后需要通过业务流程、核心策略承接。业务流程描绘业务模式下客户价值创造过程，核心策略通过激励机制调动资源。流程运营从客户价值创造过程切入，对业务模式进行持续改进，不断探索最优的业务模式。

3. 提升组织运营效率

流程是端到端的业务链路，点上通过岗位作业标准化提升输出效率和质量，线上通过拉通跨部门、跨组织接口提升协同效率，面上从端到端出发实现跨业务域拉通。流程效率决定组织运营效率，流程持续优化能够提升组织运营效率。

4. 固化组织知识资产

流程是组织的最佳实践，是组织的无形资产，通过流程显性化、系统固化能够沉淀组织能力，提升组织成功的可复制性，将个人能力转化为组织能力。"铁打的营盘、流水的兵。"流程是公司的管理营盘，是组织知识资产的固化方式。

5. 促进全域管理改进

流程运营是基于流程规划、流程建设、流程发布、流程试运行、流程优化构建一套持续改进的闭环模式。流程涉及各个业务域，流程运营意味着面向各业务域持续改进，使流程无穷接近合理。

二、流程运营"四大抓手"

流程运营实现从规划到管理全过程闭环打通，并且构建持续优化模式，包含四大抓手：流程规划、流程建设、流程推行、流程管理。流程运营蓝图如图15-1所示。

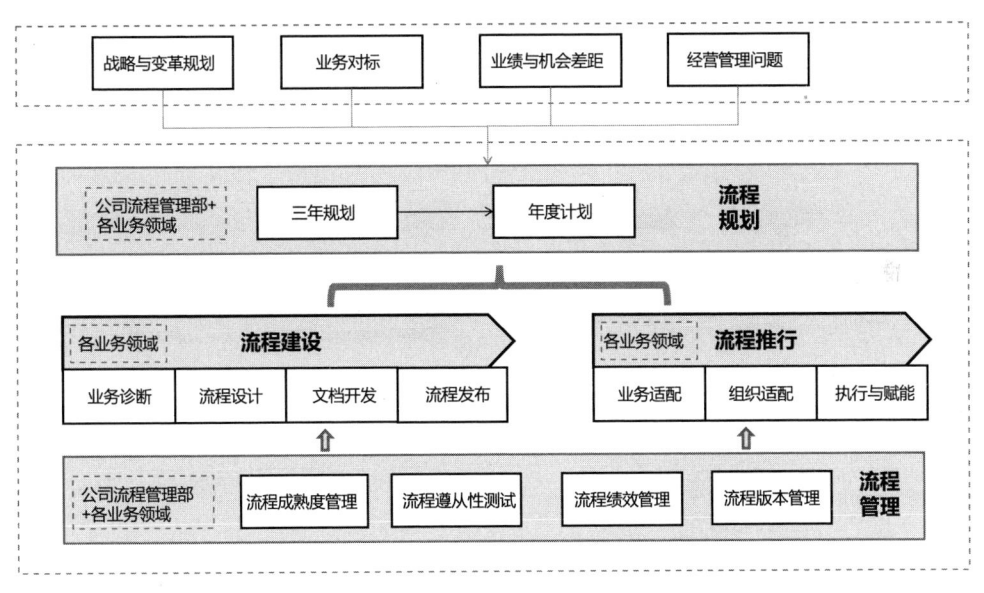

图15-1 流程运营蓝图

1. 流程规划

流程规划根据流程管理成熟度开展，成熟度较低的公司需要建立流程管理基础，成熟度较高的公司需要构建变革领导力，实现变革引领。流程规划须基于战略与变革规划、业务对标、业绩与机会差距、经营管理问题进行需求识别。首先围绕公司主价值链展开，实现主价值链流程显性化、在线化，提高主价值链流程效率和效益。流程规划通过流程架构牵引，围绕业务瓶颈共创，凝聚业务高层共识，而强有力地执行与推进。流程规划可匹配公司战略形成三年规划，由三年规划牵引年度计划。重要性高、绩效差的流程应该首先进行改善，优先列入流程规划中，流程规划需求识别如图15-2所示。

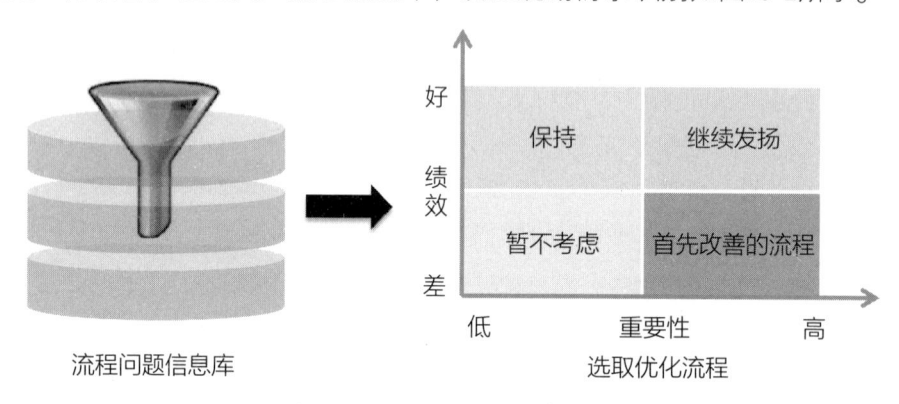

图15-2 流程规划需求识别

2. 流程建设

流程建设源于流程规划，流程建设的步骤包含业务诊断、流程设计、文档开发、流程发布，流程建设的关键在于业务诊断和流程设计。业务诊断要洞察业务问题，在业务问题的基础上有针对性地进行流程设计，流程设计参考上文提到的流程设计方法。流程设计要融入核心思想、管理意图，要能解决业务问题。然后进行文档开发，文档开发后进行评审，评审通过后进行流程发布，流程发布后进入流程推行。

3. 流程推行

流程推行包含业务适配、组织适配、执行与赋能。业务适配依据业务管理成熟度，组织适配依据组织能力和团队规模。例如，某公司有三个销售子公司，各销售子公司需依据组织能力、团队规模、管理成熟度进行适配。完成销售流程建设后，再进行流程推行，流程推行就需要业务适配和组织适配。通过业务适配和组织适配实现因地制宜、量体裁衣。业务适配和组织适配完成后进行执行与赋能，流程落地的一大障碍在于人员能力跟不上，所以需要进行赋能。流程推行后关注流程落地带来的价值，持续收集流程优化需求，实施优化后发布正式版本。流程推行要秉承"从群众中来，到群众中去"的原则。

4. 流程管理

流程管理包含流程成熟度管理、流程遵从性测试、流程绩效管理、流程版本管理。流程成熟度管理可结合成熟度管理模型开展。流程遵从性测试关注流程落地后执行层面的遵从性。流程绩效管理关注关键业务域的绩效结果，对绩效结果进行复盘，推进流程持续优化。流程版本管理即管理流程优化过程中的各个流程版本。

三、流程运营落地"三大支撑"

1. 组织支撑

组织包含决策组织、管理组织、执行组织。决策组织的典型是一些公司成立的流程管理委员会，公司任命GPO，负责完善整体流程决策机制。管理组织代表具体流程管理职能，负责流程建设与管理落地，管理各业务域的流程推进工作，赋能业务与各级组织流程人员。执行组织代表各个业务域的执行单位，由流程经理或流程BP承接，具体业务场景落实到流程Owner，形成整体的流程管理组织支撑。流程运营组织架构如图15-3所示。

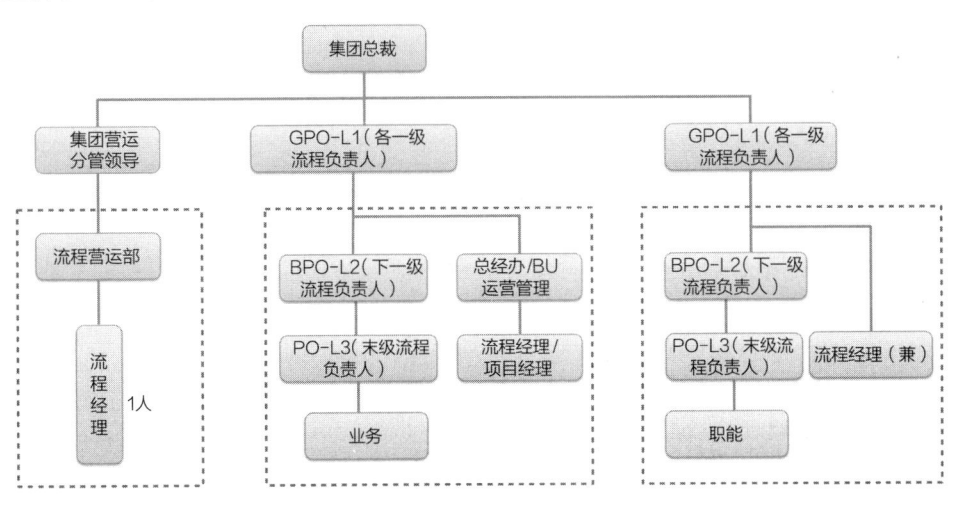

图15-3 流程运营组织架构

高层领导支持：组织支撑中重要的是要获得高层领导的支持。公司级重大项目推进组织参见本章第二节的变革组织，公司高层应该具备流程素养和重视流程，因为流程体现的是组织能力。公司增长源于机会驱动或组织能力驱动。机会是公平的、客观的。组织能力成长是连续的、主观的。流程就是组织能力的固化，是业务运营的硬核能力。

中层领导支持：流程变革带来业务部门责、权、利的变化，需要中层领导的支持，推动业务行为改变。业务部门负责人对于流程优化的重视、共识也是组织保障机制。流程实际推进过程中要明确部门之间的接口，提升协同，提高效率，改善部门绩效。

流程Owner：流程Owner要持续收集流程需求、推进流程项目、实施流程推行、管理流程文件，保障流程能在业务侧落地生根。

2. 方法支撑

再多的方法也要取得实效，实效源自流程变革项目，通过推进流程变革项目取得实际成效，才能树立信心、营造氛围。流程变革项目要取得实效，重点在于业务诊断、流程设计、流程推行三个步骤。

- **业务诊断**：首先对业务进行诊断，从客户满意度、业务效率、质量、成本控制等维度进行业务问题分析与诊断，厘清业务问题。在业务问题的基础上进行归因：人的问题、职责问题、协同问题、激励机制问题等，将问题落到端到端的流程上进行分析，定位问题根因。

- **流程设计**：这部分可参见本章第三节的流程设计方法。业务问题根因定位完成后，进行流程设计。流程设计团队要扩大范围，业务场景涉及的部门责任人都需要参加，集思广益、打破部门界限、群策群力、共担共创。要在流程设计中见到成效、培养人才、营造氛围、转变观念，为流程运营落地提供抓手、奠定基础。

- **流程推行**：在流程推行中验证流程价值，测量业务绩效，收集优化需求，形成持续改进，深入实践，进行局部迭代与优化。在流程推行过程中，流程使用者的素养很重要，要主动对业务人员施加流程影响力，提升业务人员的流程素养。业务人员要在流程推行中边干边学、边学边会、边会边干。

3. 机制支撑

机制支撑更多的是将人员调动起来。流程项目激励机制包括项目奖金激励、流程项目成果相互评比、树立标杆流程示范单位、奖励流程管理优秀个人，这些机制都需要建立。重要的是在公司战略层面对以上机制进行管理和关注，才能持续深化与推进流程变革。

四、案例：倡导狼性、冲锋、突击文化，但流程难见效

Z公司是农牧产业龙头企业，业务以30%以上的增长率增长。业务高速发展的同时，管理滞后问题也浮出水面。流程体系的缺陷导致计划运营失控、业务一致性差、复制能力弱、内控风险大，这些问题带来的损失伴随规模扩张也被放大。企业高管意识到问题，严抓流程建设，很多时候亲自上阵"搞流程""评审流程"。但一段时间下来，成效不明显，问题照样频发。成效不明显导致流程工作更难获得支持和资源投入，最终呈现"看不到价值—觉得没有用—减少投入关注—更缺乏协同与配合—流程管理更难推进"的恶性循环，原本贫瘠的管理土壤更加恶化，也破坏了持续优化的氛围。老板决定去美的取经，到美的公司和美的董事长交流。美的董事长分享了"去阿尔卑斯滑雪、去法国旅游"。老板心想："自己做企业这么辛苦，没日没夜开会，企业还搞不好，他这么轻松，美的管理这么到位。为什么差距这么大呢？"通过深入分析，发现具体原因如下。

1."重经营轻管理"，缺乏相关性

Z公司经营现实主义导向非常强烈，过度追求短期经营结果，但管理不可能即刻见效。经营现实主义导向下"每个部门都忙自己的业绩，烟囱式组织向上绷得非常直"。没有横向的"端到端思考"，难以形成跨部门"拧麻

花"。做流程更多的是局部、部门内部、点状优化，其实部门绩效更多源于"相关性"，这种相关性是输入条件、接口关系，相关性才是产生最终结果的关键。

2. "过度狼性冲锋"，缺乏建连队

Z公司倡导"狼性"文化，鼓励冲锋陷阵，强调"打仗"，做不好等于"打了败仗"。不强调"建连队"，建连队是做管理。打仗讲究"狼性"，建连队讲究"耐性"。打仗强调"冲锋陷阵"，建连队强调"安营扎寨"。打仗需要"虎将"，建连队需要"政委"。"狼性"文化在管理上没耐性，意识形态浮躁，缺乏管理基因，很多时候做管理都是"突击式临时响应""一锤子买卖"，持续改进的氛围并未形成。

3. "机制导向强"，缺乏管理空间

Z公司机制导向强，经营单元业绩考核注重机制激励，做得好奖励，做得不好处罚，这对业绩目标达成有鞭策作用，但解决不了系统性问题。机制是调动资源的手段，管理活动要依靠人的执行，不能把人动员起来，管理活动就很难做到位。没有机制管理做不好，但机制代替不了管理。单纯依靠机制就会造成"山头主义"。华为在1994年就遇到了这种难题，为了破除"山头主义"，华为发起了"再创业运动——市场部集体大辞职"。机制导向强形成高授权、高回报，但如果没有管理协同，就会出现"山头主义"、资源割据，导致丧失整体性。企业对外拼的是整体性，单纯依赖机制，整体性就会丧失。这种整体性协同就是流程管理。

五、构建长效机制"五管齐下"

从"找对人、做对事、多借力、给激励、建文化"出发，五管齐下构建长效机制，积小胜为大胜，营造管理氛围，形成持续优化。用流程解决业务痛点，为公司创造价值，最终持续提升组织能力。

1. 找对人：建立流程责任人机制

首先"找对人"，在组织内"设置岗位、赋予职责"，在营销、研发、供应链等业务域设置专职流程经理，赋予流程持续优化职责，并且找到合适的人员匹配岗位。流程经理负责业务域流程持续优化，在每个部门设置兼职的流程BP，负责该部门相关流程持续优化，形成"流程总监（集团）—流程经理（业务域）—流程BP（部门）"三级联动机制，持续优化组织设置。

2. 做对事：拉通流程管理全过程

将流程管理价值链跑通，从流程需求管理到流程固化全过程拉通，让流程责任人依据此流程推进持续优化。流程团队每月收集优化需求，将需求池的需求进行分类、分级：集团级项目、业务域级专项、部门级任务，不同级别由不同层级团队来推进，明确各级别的过程管理要求。例如，流程优化项目要明确从需求分析、发起立项、业务诊断、流程设计、业务试行到评估验收全过程的管理要求，具体如图15-4所示。流程优化项目以项目制方式进行推进，与业务充分融合。

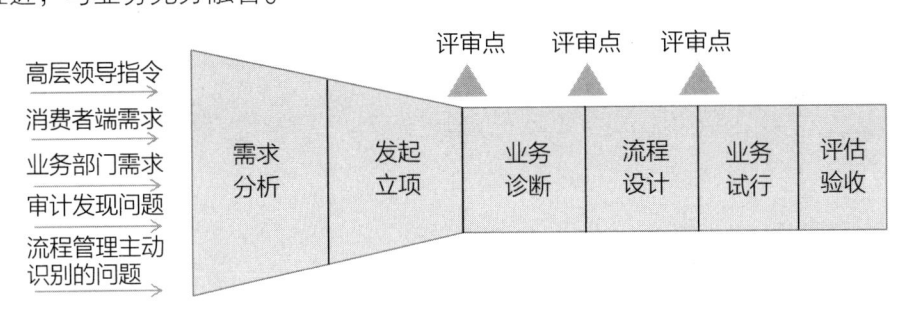

图15-4 流程优化项目过程

3. 多借力：高层支持

流程变革工作一定是自上而下的，高层支持才能引起组织重视，才能形成推动势能。流程专家首先要与高层建立沟通机制，理解高层的需求和期望。很多专家满口"之乎者也"，高层是经营者，是业务出身，听不懂专家的"之乎者也"，最终推动流程工作得不到相关的支持。流程专家应理解高层的需求，知道他们的痛点，理解未来的发展方向，厘清流程变革项目的需求，解决现实问题，多总结、多汇报、多呈现，更好地获得高层的支持。

4. 给激励：激励机制导向

流程优化仅依赖流程经理是绝对不够的，关键在于业务骨干的参与度和投入度。设置流程优化激励机制，引起业务重视，调动业务资源深度投入，这也非常有必要。激励机制依据项目的价值贡献、难易程度进行设定。流程优化未见明显成效前，业务骨干可能未觉得这可以明显改进工作绩效，也认为这是额外的投入，这是流程经理的工作，所以可以通过快赢项目使成效立即呈现，以营造持续改进的氛围。

5. 建文化：营造文化氛围

达成文化共识可大幅降低沟通成本，要让大家都认为"流程很重要，流程需持续优化"，营造"你想干，我想干，大家都想干"的氛围。氛围营造需通过成功实践树立信念，成功实践需要广泛传播，传播经验、传播方法，发动更多员工，最终凝聚组织共识，形成文化。文化就是成功实践。

第三篇

案例：
七大流程变革案例

第十六章

"需求驱动"
产品创新变革

"我就像教父,去清洗小镇,我会点拨人们或者点拨概念,我会说这是你该做的,然后我到另一个小镇去,如果他们接纳我的建议,那很好。"

一、变革背景："产品弱势"

S公司年销售收入20多亿元，是家具漆行业的知名企业，国内家具漆市场规模200亿元左右。公司自1994年成立以来逐步发展成为国内家具漆头部企业，销售收入和利润长期位居行业前列。公司销售能力强，但产品能力弱。员工自评公司"营销强势但产品弱势"。公司业绩增长过度依赖销售和服务强力亲近客户，但产品未形成强有力的支撑。

营销强势：销售、服务强力亲近客户，持续深化客户关系，推动业绩增长。营销上采用经销商制，大多经销商源于公司内部员工创业，是内生式"近亲繁殖"。经销商对公司忠诚，在行业内摸爬滚打多年，对行业特点、客户关系、内外资源链接具有天然优势。服务上在客户界面关注产品应用、快速适配产品、解决工艺融合等问题，提升客户界面响应速度和体验。

产品弱势：产品缺乏创新，缺乏差异化，缺乏竞争力，产品力未形成对业绩增长的明显支撑。总体上产品弱势，具体表现在产品积累弱、产品种类多、拳头产品缺三个方面。

1. 产品积累弱

业务从家具漆延伸至工业漆、装修漆、建筑涂料，持续提升自身业务能力和品牌影响力。创始人坚持以"一辈子只做涂料，做一辈子涂料"的企业家精神持续驱动发展。发展方面更多是机会成长和营销驱动，能力方面更多是销售、服务资源的简单叠加。经销商"近亲繁殖"的营销模式在业内具有优势，但是产品竞争力和产品管理能力缺乏，产品竞争力构建需要有效的需求管理、长期的技术积累、技术人才资源的持续投入。营销是"快功夫"，产品是"慢功夫"。家具漆业务是"大客户开发"驱动的，大客户开发背后是"解决方案差异化"比拼，客户选择你而不选竞争对手是因为解决方案差异化。该公司通过大客户开发形成发展牵引力，但在此过程中后端产品管理能力未能同步构建与夯实，增长引擎上缺乏产品力，产品力不足导致原有增长模式难以为继，难以实现业绩持续增长与突破。

2. 产品种类多

主营家具漆涂料产品SKU有近15000种，17%的产品带来80%的销售收入，产品开发对单一客户需求过度满足，且产品宽容性差。产品陷入"五多一少"的窘境，即多品种、多规格、多批次、多配方、多工艺、少批量。产品种类多导致缺乏规模效益，增加了供应链运营成本、产品综合成本和交付的难度，也导致产品质量稳定性差等问题，客户投诉抱怨多。

3. 拳头产品缺

客户反馈公司"品牌强势，但产品弱势，服务还可以，产品性能比竞争对手差"。以中高端产品为例，"中端产品性价比不足，高尖端产品性能达不到要求"。办公类家具客户更愿意选择"大宝、华润、易涂宝"等品牌，这些友商的产品在"操作性、通透性、抗划伤"等方面更具有优势。销售总监反映："客户要求的净味，大宝做得好一些，我们产品的味道如果在一天内消散掉，对销量肯定有很大的提升。"内部呼吁"要把技术转化为产品，把产品转化为商品"，营销甚至提出"没有产品就没有尊严"。总体上产品缺乏差异化、缺乏卖点、缺乏竞争力，管理层意识到需要提升产品力支撑业绩增长，也提倡打造拳头产品，也倡导产品创新，但效果并不明显。

二、问题诊断："产品弱势"五大根因

基于公司"产品弱势"现状深入调研诊断，发现问题根因在于缺乏需求管理、产品管理组织、纵向组织治理、流程横向拉通、正确机制导向这五个方面。

1. 缺乏需求管理

新产品开发客户需求输入不完善、不精准，客户需求通过技术经理和销售经理提报。技术经理去客户现场出差做需求调研，有开发成功把握的需求就报上来，没有成功把握的就不报。销售提报客户需求，因为缺乏对技术的理解，更多提报价格需求、产品质量需求、工艺适配需求。这在很大程度上

是在满足单一客户的个性化需求，很难有对一类客户共性需求的分析，产品创新难以实现大的突破。这也导致产品线拉得很长，最终产品种类很多但销量低，难形成拳头产品。技术人员"疲于奔命"，被动响应单一客户个性化需求，小修小改后申报为新产品，进行新产品立项，申请新产品开发奖金。

"产品可以模仿，但是对于需求的理解不能模仿。"对一类客户共性需求的洞察能力是产品创新的前提。产品创新缺乏精准的客户需求输入，在业务活动中缺乏需求分析、产品策划等关键活动。新产品开发一上来就是依据简要的产品技术性能指标做配方开发，导致产品开发陷入三边工程"边开发，边更改，边搞需求"、产品开发技术特性缺乏约束、产品质量检验缺乏标准，也导致开发的产品性能偏差、开发周期长、产品质量差、客户满意度低。应以客户需求驱动新产品开发，需求管理包含需求收集、需求分析等关键活动，应该基于需求分析策划差异化的新产品。

2. 缺乏产品管理组织

市场和技术如何衔接？谁来负责客户需求的收集、提炼、分析、归纳、总结？谁来经营客户和产品？建设专业的产品管理组织，培养专业的产品管理人才，提升产品力成为公司更快、更好发展的必由之路。强化产品管理与发展产品管理能力需要专业的产品管理部门。公司阶段性成立过产品管理部门，但后面又解散了。营销、技术部门也无专职人员去推进产品管理，营销部门曾经考虑设置产品经理，但最后不了了之。公司有营销、技术、生产部门，但是没有专门管理产品的部门。

3. 缺乏纵向组织治理

基于销售、服务强力亲近客户的经营理念，该公司应用集团—分公司两级组织模式运行，围绕国内家具集散地设立了六大分公司，分公司辐射区域内的家具厂。分公司经营采用总经理责任制，配置销售、服务、技术等资源，能够快速响应客户，强力亲近客户，但在组织治理方面存在明显缺陷。

组织治理方面的问题表现在集团—分公司管理权责界面不清晰，全集团技术资源陷入技术问题救火而不能自拔。集团技术负责人每年出差200天左右，只为救火解决产品技术问题，六大分公司陷入重复开发技术、重复开发产品的窘境。从权责定位上集团技术应该强调创新——主导新产品、新技术开发，分公司技术应强调应用——基于客户个性化需求实施定制应用。但是，现状是集团开发的新产品分公司基本不用，分公司按区域市场的理解做新产品开发。分散的分公司组织在缺乏统一规划和一体化政策导向下"各自为政，各自为战"。例如，在技术体系、需求管理、产品管理等方面因为缺乏集团统筹规划，分公司技术过度发散，导致关键技术的研发缺位，也导致产品SKU过多。集团—分公司应明确产品技术体系的职责分工、授权、管控界面，兼顾产品技术规范发展与一线客户响应效率，但并未把握好这种平衡。

4. 缺乏流程横向拉通

缺乏端到端产品创新流程横向拉通，业务协同是销售推进技术，技术推动供应链，推一下，动一下，不推则一动不动。流程低效表现在缺乏标准打法，缺乏能力沉淀，缺乏方法工具统一，缺乏思想行动统一，缺乏跨部门接口信息拉通。项目推进更多依赖于高层命令驱动，项目推进效率低下，过程一致性差，质量保障难度大，项目成功难预期。公司也尝试导入IPD（Integrated Product Development）流程，但发现落地很难，在行业、发展阶段、产品、技术、能力方面，公司与华为差异太大，流程低效的具体症结如下。

- **流程审批节点多，管控过度**：在OA中设置多个审批节点，一个新产品开发流程有20多个审批节点，通过审批节点向中高层呈报、申请，流程强调管控，执行周期冗长，效率低。缺乏对实际业务操作层面的指引，更多陷入事务性细节审批管控，而非客户价值实现。
- **流程是零散的段到段**：流程呈现出碎片、零散、段到段的特点，不是围绕业务价值链的跨部门的拉通，如原材料采购申请、产品定价、产品检测、产品推广等仅在OA中上传一个活动的输出文件，之后跟进冗长的审批，而非一连串业务场景的增值活动，信息、责任、数据都未能实现拉通与闭环。各部门活动被割裂，难以发挥组织合力，信息未实现共享，组织协同存在断点、延时、停滞。

- **前后端关键流程缺失**：产品创新流程应从"需求管理、产品线梳理、产品线规划、新产品策划、新产品开发、新产品上市到生命周期管理"端到端拉通。前端的需求管理、新产品策划等流程缺失；中端的新产品开发、新产品上市有规范但是不够有效；后端的产品上市、生命周期管理流程也缺失。缺乏生命周期管理、未面向产品持续经营、缺乏退市管理也导致产品越来越多。

缺乏流程横向拉通导致组织协同较差，大客户与新产品开发项目推进过度依赖高层，只有高层挂帅的项目进展正常，各部门的参与度和配合度尚可。项目运行未形成体系化的高效协同，整体跨部门协同难、效率低，项目难以达到预期。

5. 缺乏正确机制导向

研发人员激励源于"销售提成""新产品提成""技术创新奖"三大项。销售提成与产品销售额挂钩，新产品提成与新产品销售额挂钩，技术创新奖与技术创新等级挂钩，技术创新奖发放的奖金较少。机制过于导向短期利益（看销售额），在这种导向下，技术人员不去研究新技术、新产品，不去做技术研究与创新，而是跟着销售人员在市场上跑业务、找客户，根据大客户需求改几个配方，有点销量就申请奖金。新产品提成、技术创新奖由技术经理年底申报，技术经理往往把一些通过小修小改带来销量的产品作为新产品或技术创新申报，因为评定成员缺乏背景理解和信息判断，所以大多申报都可以通过。这也导致产品型号增多，没人愿意去"啃硬骨头"，做真正的新产品和新技术研发。

三、对策："需求驱动"产品创新管理

从产品弱势的五大根因出发，架构"需求导向的产品创新流程变革"解决方案，系统、深入、针对性地解决问题。建立产品创新体系，培育创新能力，培养创新人才，提升创新效益，增加创新引擎，构筑产品力，驱动公司更快、更好、更健康地增长。

1. 战略上

产品线创新战略驱动，将打造产品力上升到公司战略高度，规划拳头产品，强化产品线战略规划，形成一套产品线管理方法和工具。持续累积产品管理能力，精简SKU，孕育拳头产品。

2. 组织上

增设产品管理部，培育产品管理能力，培养专业产品线经理，实现产品管理职能从集团到分公司的贯穿及纵向一体化运作。强化项目管理，推进流程落地。围绕产品创新、技术研发关键控制点与关键决策点，优化组织纵向授权与治理。

3. 流程上

推行需求导向的产品创新端到端流程变革，强化前端流程。需求管理流程是产品创新的源头，基于需求的产品策划是产品竞争力的关键。规范中端落地职责，推行跨部门团队运作的项目管理。补充后端产品生命周期经营与退市管理。整体实现横向协同、端到端贯通。

4. 机制上

改变现有机制过于短期的导向，短期与中长期导向结合。设立新产品开发奖、大客户开发奖、产品线经营效益奖，进行整体平衡。

四、实施：产品创新变革推进落地

1. 战略：产品线创新战略驱动

增长引擎增加产品创新动力，营销模式从客户关系营销、服务营销转

变为客户关系营销、服务营销、技术营销。公司业务增长源于大客户，战略落地是大客户开发和产品线战略规划，营销层面推进大客户开发做得不错，但是缺乏产品线战略规划。产品线战略规划作为产品技术发展的顶层思考，牵引产品力提升和技术创新，孕育拳头产品，精简SKU。产品线战略规划从"产品线梳理—产品线决策—产品线规划"三个层面推动落地，形成可复制的方法和工具，并且用流程进行固化。

（1）产品线梳理：解决产品SKU过多的问题，归并产品、产品系列、产品线。分层分级划分产品体系，产品体系被划分为"一级产品线—二级产品线—产品系列—产品"。围绕产品体系进行各层级梳理，梳理出各分公司及集团产品体系各层级的销售、利润数据。清晰呈现经营状况，思考产品体系各层级发展策略，为产品线决策提供输入。

（2）产品线决策：基于产品体系实施分层、分级决策，制定各层级决策准则。一级产品线决策准则：依据环保涂装应用技术发展趋势、市场份额两个维度决策，决策结论包含重点发展、保持份额、逐步退出、立即退出四类。二级产品线与产品系列决策准则：依据市场前景、利润实施决策，决策结论包含保留、代工、取消。产品决策准则：依据销量、生命周期、市场竞争力实施决策，决策结论包含重点发展、保持份额、近期退市、立即退市四类。在产品决策中同步设定累积年最低销售金额，低于最低销售金额的产品直接退市。

（3）产品线规划：承接产品线决策，实施产品线规划。产品线规划是公司级创新战略，首先设定各产品线经营目标，由产品线经理对产品线经营目标负责。产品线经营目标从产品系列、六大分公司两个维度拆解。产品线经营目标重点管理增量，增量通过市场细分、需求洞察、新产品定位差异化、新产品开发、新产品上市承载落地，通过产品创新改变竞争空间，用创新创造新价值，挤压竞争对手。产品线创新战略导出资源规划，资源规划包含技术人才、资金投入、试验与检测设备、行业专家等资源构建。产品线创新规划与营销规划同等重要，高层评审通过后发布，牵引新产品和新技术发展。

2. 组织：两强化一优化

（1）强化产品管理职能：集团与分公司增设产品管理部，强化创新引领，培养专职产品线经理。实施两级产品线管理组织变革，产品创新与技术创新双管齐下。产品管理部的主要职责包含：负责产品创新战略规划、创新项目管理、产品全生命周期管理、产品退市管理，对产品线经营绩效负责。产品管理组织架构设置如图16-1所示。

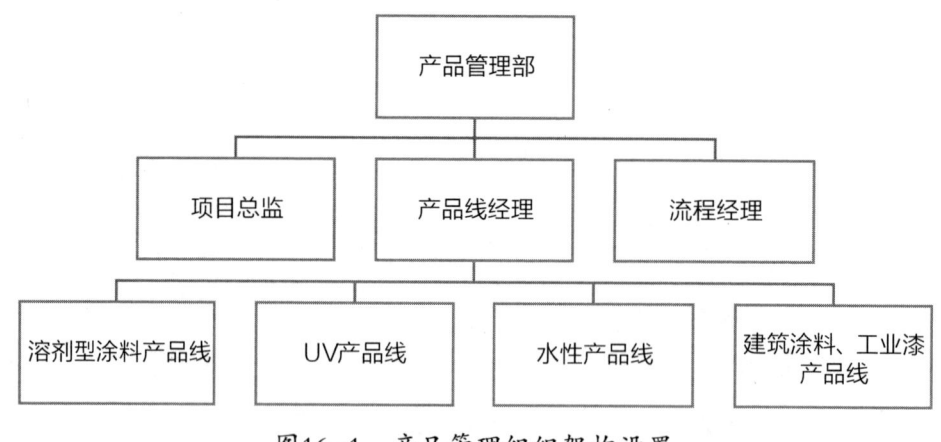

图16-1 产品管理组织架构设置

通过两级产品管理机制对产品线进行梳理，砍掉无效产品与产品系列，减少产品种类。统筹产品、技术重大项目管理，避免重复开发技术、产品，实施产品全生命周期管理。让产品管理像一个齿轮，捏合客户与公司，连接市场与技术。

（2）强化项目管理：推行强项目制，对现有组织运作流程实施变革。新产品开发项目之前的流程逻辑为经销商公关—客户关系确立—报公司高层—高层评估立项—销售人员协同经销商、技术人员进行沟通—制作配方—技术配方移交—生产制作样品—客户现场试样—试样修正迭代—产品定型—技术服务。流程是职能式组织运作，职责频繁转移，信息层层衰减，各部门推诿与扯皮。项目成员只对职能上级负责，不对项目成功负责，项目推进低效。项目成功依赖销售人员对客户信息传递的准确性、配方试错迭代能力及技术工程师的经验。

通过项目制变革运行项目经理负责制,项目经理由资深的销售人员或技术人员担任,项目经理负责项目团队组织、项目推进策划、项目计划制订、项目问题解决。销售、技术、服务、采购、生产等职能代表组成跨部门团队,跨部门团队在项目中群策群力,集成各职能部门的知识与智慧,共享项目信息,并行推进项目任务。快速反应、紧密协同、复盘迭代,提升决策质量,提升项目效率,提高项目质量,支撑大客户开发和新产品开发项目成功,实现从职能式到项目式运作模式转变,具体如图16-2所示。

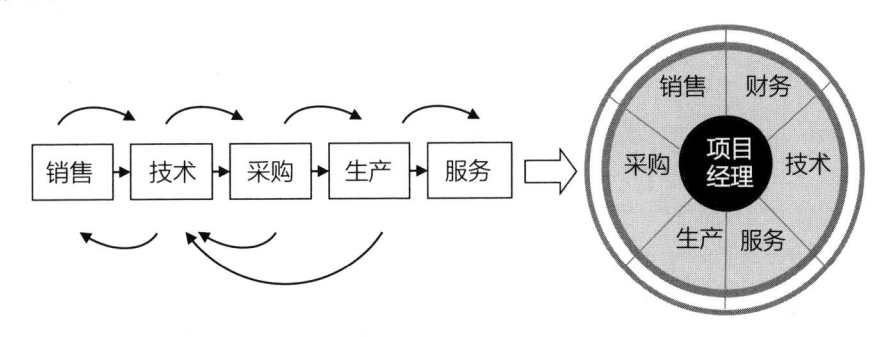

图16-2 从职能式到项目式运作模式转变

(3)优化授权治理:集团—分公司运作实现纵向一体化,围绕产品规划、需求管理、产品策划、产品开发的关键决策点明确授权。产品规划由集团主责,实现整体牵引。需求管理基于需求的属性:共性需求上升到集团,个性化需求归分公司管理。共性复用新产品开发由集团主导管理,个性化新产品定制归分公司管理。实现产品与技术复用,避免重复开发,聚焦关键技术资源,突破拳头产品开发。

3. 流程:需求驱动的产品创新流程变革

创新是创造新的客户价值,创新是把创意变成钱,创意源于客户需求,客户需求是流程的起点,产品线经理管理客户需求。大客户开发是实现一个客户的需求,新产品开发是实现一类客户的共性需求。需求是客户面临的问题和挑战,可能包含成本、色彩、气味、触感、装饰性、保护性、服务、安全等方面。产品创新流程变革指导思想为建框架、明责任、通节点、串职能、固经验，用流程明确新产品开发、大客户开发的节点责任，拉通职能部门接口，将各职能高效串联。端到端流程架构如图16-3所示。流程关键活动通过标准表单、模板进行知识经验固化，一方面指导业务复制成功，另一方面传承知识经验，并在实操层面推进流程优化落地，在IT系统实施固化。产品创新流程变革导向商业成功。

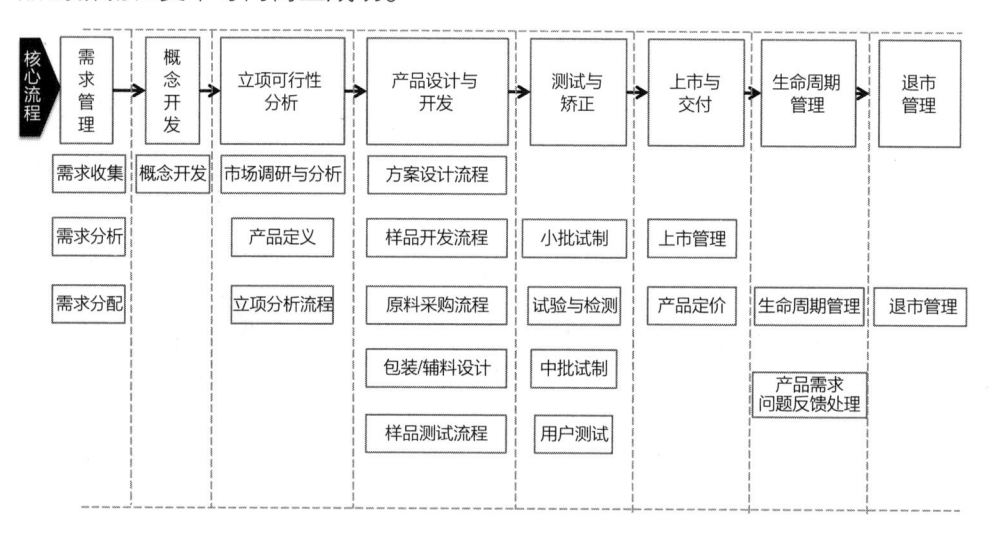

核心流程	需求管理	概念开发	立项可行性分析	产品设计与开发	测试与矫正	上市与交付	生命周期管理	退市管理
	需求收集	概念开发	市场调研与分析	方案设计流程	小批试制	上市管理		
	需求分析		产品定义	样品开发流程	试验与检测	产品定价	生命周期管理	退市管理
	需求分配		立项分析流程	原料采购流程	中批试制		产品需求问题反馈处理	
				包装/辅料设计	用户测试			
				样品测试流程				

图16-3 端到端流程架构

流程变革通过项目管理保障落地，项目经理是流程总负责人。流程活动组合成项目计划，项目计划由项目经理管控，计划节点需项目成员承诺完成时间。项目经理负责组织团队、管理目标、执行计划、监控过程、评价绩效、分配奖金。项目组以终为始地对项目成败负责，匹配项目激励机制，保障项目组运行落地。

4. 机制：短期与中长期平衡

原先激励机制导向错位，导向过于短期。解决激励源于短期销售提成的问题，强化新产品开发激励，牵引技术人员技术创新。解决之前激励缺乏全局性的问题，缺乏全局性不利于组织协同，难以实现"全营一杆枪"。虽然新产品开发激励关联销售额，有利于销售收入实现增长，但也需要导向到中长期战略目标上。例如，未来行业趋势是"油改水"，那么水性新产品发力和上市就非常重要，因为新产品上市推广难度大，短期难见销量，导致销售人员不热衷于新产品推广，技术人员不投入开发。推进绩效激励机制变革，导向"力出一孔，利出一孔"，设立新产品开发项目奖、大客户开发奖、产品线经营效益奖。

（1）新产品开发项目奖：奖金导向产品和技术创新，引领行业趋势，服从公司战略规划。某些新产品短期内也许并未带来市场销量的大幅增长，但其是战略性的任务。奖金包的设定导向产品和技术的创新，战略性新产品开发规划应在公司年度战略规划中明确，牵引技术人员做技术研究与产品开发。

（2）大客户开发奖：导向业绩增长、服务营销的大客户战略，奖金与当期销售收入增长关联。营销界定哪些客户是大客户，可能源于新产品开发或老产品推广应用，如果是新产品，则奖金与新产品开发奖不重复计提。如果是老产品，则奖金包与销量挂钩，与产品毛利关联。设定奖金包之后，销售、技术、服务、生产、采购等职能代表都参与项目奖金分配。项目经理参考贡献比例分配项目奖金。

（3）产品线经营效益奖：导向产品全生命周期经营效益增长，关联产品线的总体经营效益，由产品线总体创新目标增量实现、利润提升、产品种类精简完成率等指标确定，在产品线经营团队中进行分享。

五、成效：促增长、提效率、出精品

项目咨询服务围绕产品创新流程体系主线，内容包含战略管理、组织变革、流程变革、项目管理、机制变革，并且后期增加了技术平台、技术要素重用管理。变革项目历时两年，第一年完成集团层面体系设计和上海分公司落地推行，第二年在其他五大分公司逐步推行落地，结合落地问题对管理体系进行优化。项目成效显著，提高了公司大客户开发项目的业绩，提升了项目效率，开发了有竞争力的新产品。

1. 促增长：大幅促进业绩增长

通过大客户开发项目复制成功，支撑业绩大幅、快速增长。提高解决方案的竞争力和大客户项目开发赢单成功率，强化客户接触点管理，提升客户满意度。以上海分公司为例，项目启动前大客户开发项目年销售收入为2 500万元，项目实施一年后大客户开发项目销售收入增长为7 500万元，增长200%，增量占上海分公司总体销售收入20%左右。具体如图16-4所示。

公司在海外扩张的越南工厂也应用产品创新流程，快速实现了市场突破，一款产品一个大客户一个月带来销售额就达到800万元以上。流程被实践验证是成功的、可复制的。

2. 提效率：快速提升新产品开发效率

变革项目快速提升了新产品开发效率和大客户开发效率，提高了成功复制能力。效率提升主要源于以下几个方面。

（1）快速直击客户需求：通过需求调研、需求分析、需求澄清，快速直击客户需求。避免因需求不清导致产品配方反复更改，提升基于需求的"一次做对"能力，大幅提升产品配方改良和产品创新成功率。

（2）提升组织协同效率：销售、研发、采购、生产、服务等职能以跨部门项目团队方式组织，基于流程节点落实责任、管控活动完成时效。改善原有职能式运作模式，避免部门负责人中转拉通、信息层层衰减、职责频繁转移。新流程快速拉通职能接口，信息在项目团队中始终共享，调整生产关系，促进生产力发展。

（3）流程快速复制成功：通过标准化流程大幅减少沟通成本，在流程的基础上内部团队提升认知与理解，形成一套"成功可复制"的方法——一套有公司特色、基于业务现实、采用最佳做事方式的方法，实现需求管理、产品策划、项目管理等方面能力的螺旋上升。流程为组织能力构建提供了肥沃的土壤，强化内部成功复制性。

第十六章 "需求驱动"产品创新变革

创新项目预计新增销售收入表

重点项目	澳凡家具	黄博	欧文	荣馨门业	富煌门业	圣达集团圣远木门	水性UV亮光项目	PU静电喷涂全哑黑面漆项目	油性UV地板项目	水性UV地板项目	AC耐黄产品开发项目	UV耐黄产品开发项目	水性双组分亮光项目	合计
2018年销售额/万元	600	1 000	500	300	400	200	300	600	1 000	300	1 500	500	200	7 400
2017年销售额/万元	240	400	50	180	300	50	30	200	400	200	200	100	150	2 500

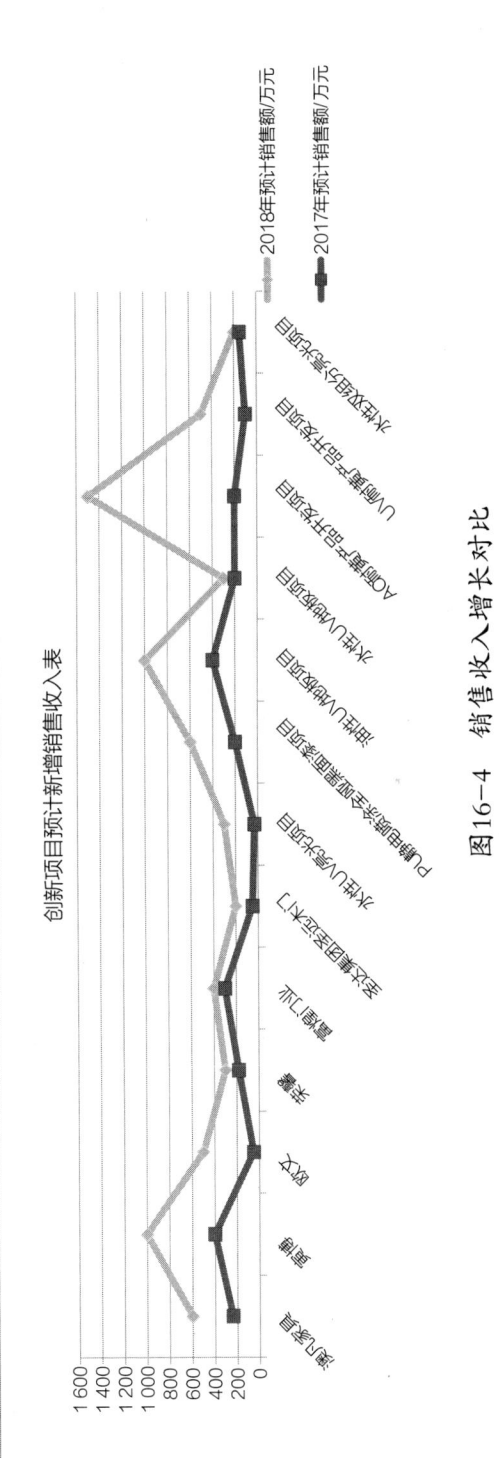

图16-4 销售收入增长对比

133

3. 出精品：开发有竞争力的新产品

从客户思维转变为产品思维，打造大规模应用的拳头产品，开发PU静电喷涂全哑黑面漆、UV耐黄产品等有竞争力的新产品，转变创新观念，改变创新行为。基于一类客户的共性需求开发新产品，基于单个大客户个性化需求定制配方。实现集团与分公司技术体系联动，推进技术成果共享与重用，释放更多技术资源开发新技术、新产品。核心技术人员聚焦关键技术突破，提升竞争力。新产品开发首先是提炼客户共性需求，从基材、产品、工艺出发进行市场细分，分析细分市场前三名大客户共性需求，再进行产品概念创新与产品定义。产品创新模式、流程、方法、工具深入人心。

4. 获奖励：荣膺行业管理创新奖

咨询项目在行业引起强烈反响，荣膺"行业管理创新成果二等奖"，如图16-5所示。获奖评语："公司坚持产品与技术创新，不断完善创新机制，持续增加研发投入，激发创新活力，绽放光彩。在行业内率先建设产品创新管理体系，系统提升整个集团的创新能力，持续成功开发出有竞争力的新产品，更好地支撑战略目标的实现。通过体系化管理，每个项目均可生成涵盖运营指标、产品力指标、过程管理指标、成本—收入指标等标准化数据。通过对大量项目多维度指标的持续跟踪与交叉分析，实现产品的偏差管理，指出产品竞争力迭代演进的方向。产品创新从实验室走出来，以客户为中心优化组织模式、进行战略战术决策、变革创新与运营流程，形成客户细分体系，为差异化产品竞争力夯实基础。产品创新管理体系建设将产品开发与技术研发通过流程分开管理，为技术创新项目夯实了基础，产品创新也获得了有效的突

图16-5 咨询项目荣膺"行业管理创新成果二等奖"

破。与此同时，公司通过项目管理提升了大客户项目效益。产品创新管理体系为公司发展释放出积极的力量，带来了显著的经济效益。"

项目取得显著成果依靠内部团队和顾问的共同努力。项目实施期间，顾问每晚都在酒店思考至凌晨两三点，洞察问题、构思解决方案。辅导期间顾问与销售人员一同拜访客户、调研工厂、跟进项目、培训咨询，现场辅导时间总计超过300天以上。项目结出硕果，让每一个深夜的思考和洞察都是值得的。在公司咨询辅导两年，却可以回忆很多年，这是生命的意义、知识的力量，这也是生活的质量。对于顾问来说，最快乐的事就是与客户彼此成就。

第十七章

"价值创造"
营销流程变革

"不创造新价值，就只能争夺存量价值，实现价值创新，开辟价值蓝海，分享增量价值。"

第十七章 "价值创造"营销流程变革

一、管理诊断：关系营销模式下增长乏力

P公司经过20多年积淀，在新材料行业实现技术领先、品牌定位、文化积淀、高效运营、资源集成，已发展成为国内新材料领域的头部企业。创始人对产业发展极具洞察力，深谙产业链价值。公司全球化战略规划"100101"战略明晰：100亿元+全球汽车材料、10亿元+高端新材料、1个全球新材料创新港，立志成为全球数一数二的新材料跨国公司。但在全球经济不确定性加剧和地缘政治日趋紧张等背景下，产业发展不断降速，新材料行业发展困境重重。公司高层已经意识到变革已成为公司活下去的管理常态，必须居安思危，拥抱变革，应对危机。

公司整体业务发展稳健，但增长乏力。增长是解决一切问题的入口，要想实现增长，首先需要抓营销。从营销项目出发对营销管理现状进行分析，发现营销流程效率低、决策周期长、营销项目决策质量低、营销项目成功率不高、未建立围绕客户价值创造的营销模式，很多营销人员依赖上层关系和老客户持续维护获得订单。业绩增量不够，营销项目成功率不高，无突出竞争优势。年度营销项目成功率仅40%左右，关闭项目大幅耗散资源。重大营销项目复盘如表17-1所示。

表17-1 重大营销项目复盘

年度	2016年	2017年	2018年	合计
重大项目数量	129	86	11	226
所占百分比	57%	38%	5%	—
进行中的项目	12	63	8	83
关闭项目	64	5	3	72
成功项目	53	18	0	71

重大项目关闭造成浪费严重、战机错失，带来机会成本，影响业绩增长，顾问与内部一起对项目关闭的原因进行分析，分析结果如表17-2所示。

表17-2 项目关闭原因分析

类型	项目降级	客户不推进	价格	客户欠款	合计
数量	51	11	5	5	72
占比	71%	15%	7%	7%	100%

营销项目成功率低的同时，营销业务拓展整体乏力：牵引乏力、支撑乏力、储备乏力、推动乏力，根本原因在于营销模式、营销流程、组织架构、客户关系管理、营销过程管理等方面。

1. 规划薄弱、势能不足、牵引乏力

营销业务由大客户驱动，应该围绕大客户战略规划、新产品开发计划实施营销业务规划，用营销业务规划牵引后端整体资源配置，实现以大客户为中心的运作模式。但是，在营销上缺乏大客户需求洞察、业务规划、顶层思考，总体业务发展牵引力不足，营销对后端职能牵引力不足。

2. 关系单点、立体不足、支撑乏力

依赖关系营销而非价值营销，而且客户关系单点，营销单条线对接客户，仅仅营销人员对接客户方采购，未形成立体的、普遍的、组织级的客户关系，未形成排他性的竞争关系。基于项目的客户关系建设和过程管理不足，缺乏客户关系管理方法和工具，难以支撑项目成功。

3. 商机模糊、过程失控、储备乏力

因为缺乏营销流程管理，商机由个人把控，过程管理难、目标实现难、成功复制难。商机决策、资源匹配机制缺乏，存在丢失高价值商机的风险。技术、交付、财务、质量等后端职能在营销流程中参与不足，影响项目定点成功率。缺乏对客户需求的理解，后端职能部门不了解客户需求，难以精准行动，客户满意度低，过程失控且储备乏力。

4. 流程低效，组织繁重，推动乏力

营销组织架构运行不尽合理，组织架构未面向客户打开，营与销未能打通，缺乏以客户为中心的组织设计、市场职能不成熟、缺乏顶层营销规划，需要构建以客户为中心的组织架构，流程有效性不足，流程未授权下放。营

销业务从"业务人员、销售经理、大区经理、营销总监到营销副总裁",层级多、决策慢,营销决策需逐级请示,导致业务效率和组织活力低下。内部员工反馈"组织层级太多,应该进行简化。譬如项目申请,要几天时间才批示下来,在命令下执行"。并且是否授权内部意见也不一致,营销总监反馈"责任心强的人可以授权,责任心不强的人不能授权"。跨部门沟通协同阻力多,很多业务事项没办法及时审批,营销经理反馈"新项目、新料品要建新牌号,领导在外面出差又审批不了,所有的东西都是营销总监审批"。流程也未拉通部门间工作接口,营销研发协同困难,基本上靠高层拉通。组织运行繁重,业务推动乏力。

二、变革对策:价值创造营销模式再造

从问题出发进行营销模式重构,构建围绕客户价值创造的营销模式,将客户需求升华为客户价值。价值创造营销模式通过大客户的营销组织、客户价值创造的营销流程支撑落地。营销流程全面解决面向大客户的营销规划、单点的客户关系、流程的低效、全生命周期的项目管理等问题,实现全面流程化组织再造。满足客户需求,超越客户期望,成就客户理想。

1. 流程上

围绕客户价值创造实现端到端拉通,管理客户需求、客户关系、营销项目、客户满意度,通过端到端营销流程再造重构营销模式,改变业务行为,牵引平台型组织转型。具体流程变革的指导思想为5个实现:实现客户需求到客户价值的升华,实现以大客户为中心的营销规划牵引整体发展,实现从单点客户关系到普遍客户关系的升维,实现基于客户需求的解决方案顾问式营销,实现基于项目全生命周期财务分析的优质优价。

通过变革流程,用方法、工具支撑,不再依赖个人能力;通过管理过程,关注商机质量,不再靠天吃饭;通过打破壁垒,强化跨部门机制,不再搞帮忙式配合。

2. 组织上

围绕价值创造营销模式，重构公司组织架构，实现责、权、利、能的重新匹配。首先，构建以客户为中心的组织，去职能中心化，立客户中心化；技术、生产、交付、质量等职能组织围绕客户构建，全面建设聚焦客户、服务客户的平台型组织。其次，精简组织层级，营销组织架构削减层级，前线因地制宜决策，不再层层请示汇报，下放业务作战决策权。最后，面向作战组织重构激励机制，精细业绩核算，激发营销团队活力。依据上述步骤，逐步解决制约创造客户、服务客户、成就客户的现实关键问题。

三、实施路径：营销模式变革实施推进

1. 客户价值创造营销模式策划

营销模式变革从单一的关系营销到立体的解决方案营销，基于客户需求创造新价值。不创造新价值，就只能争夺存量价值，争夺存量价值的常见方式就是陷入价格战。客户价值创造营销模式的核心是将客户需求升华为客户价值，具体从以下9个维度实施客户价值创造营销模式。

（1）客户信息：基于O-GTFC［基本情况（Overview）、公司治理（Governance）、业务技术（Technology）、财务信息（Financial）、核心能力（Core Competence）］5个维度陈述客户信息。

（2）客户分析：基于客户业务贡献进行客户分析。客户分析基于5个维度展开：客户利润贡献、行业地位、新产品潜在贡献、未来影响力、客户关系，以评价客户属性。

（3）产品分析：基于产品财务共享进行产品分析。产品分析基于5个维度展开：客户贡献产品、技术水平、潜力贡献产品、新技术研发、客户关系。

（4）客户需求分析：基于以上分析，从5个维度洞察客户需求。客户需求分析的5个维度包含：客户的客户和竞争对手情况、客户的决策机制和决

策人、客户的机遇和挑战、客户的战略规划和经营计划目标、客户的企业文化和核心价值观。

（5）竞争分析：实施竞争分析，分析竞争对手响应客户需求提供的产品、技术和服务。应用等同点（Point of Parity，POP）和差异点（Point of Difference，POD）方法分析。

- POP：与"跨国友商"比较，寻找有"等同点"的同质化产品、技术和服务。
- POD：与"国内友商"比较，寻找有"差异点"的差异化产品、技术和服务。

（6）客户价值：基于上述客户分析、产品分析、客户需求分析、竞争分析，结合公司资源与能力，描述5个维度的客户价值。客户价值的5个维度（F-QSTP）包含财务（Financial）、质量（Quality）、解决方案（Solution）、快速响应（Time）、项目管理（Project Management）。将客户需求升华为客户价值。

（7）营销策略：综合以上分析，应用"同质化基础上的差异化"竞争策略，制定客户营销策略，对标"跨国友商"，深挖同质化的产品、技术和服务，实现成本领先。对标"国内友商"，挖掘差异化的产品、技术和服务，实现产品领先。定位营销策略，做好顶层设计，保证"能打胜仗"。

（8）行动方案：根据SMARTER原则［明确性（Specific）、可测量性（Measurable）、可达成性（Attainable）、相关性（Relevant）、时限性（Time-bound）、评估（Evaluate）］重新计划，制定营销策略落地的行动方案。行动方案要有明确的目标、任务、时间、责任人、里程碑。

（9）复盘循环：应用复盘三步法管理工具，实现客户价值管理水平螺旋式上升，核心是分享得失和清除障碍。实施步骤包含：第一步兑现承诺，对照计划汇报成果；第二步分析分享：分析问题，分享得失；第三步重新计划，清除障碍，重新计划。

通过知识管理，将各营销区域的战略客户、重大贡献客户、重要潜在客户的营销实战进行案例总结，汇编形成营销案例，作为知识传播。整理案例内容进行分享、传播作战经验、训战结合赋能改进提升。

2. VCS营销模式流程变革

基于VCS（Value Creation Selling）营销模式策划，实施营销流程变革，支撑客户价值创造营销模式落地。营销流程变革以大客户为中心，落实五个强化——强化客户价值规划、强化立体客户关系、强化商机管理、强化顾问式营销、强化全生命周期财务分析；实现四个管理——管理客户需求、管理客户关系、管理营销项目、管理客户满意度；推动三个牵引——牵引职能资源投入、牵引组织架构优化、牵引能力建设方向，最终满足客户需求，超越客户期望，成就客户理想，实现公司与客户的共赢。客户价值创造营销流程基于四步法落地，如图17-1所示。

| 1.客户关系管理 | ⇒ | 2.客户需求分析与解决方案构想 | ⇒ | 3.客户价值创造试算分析 | ⇒ | 4.客户价值提升规划 |

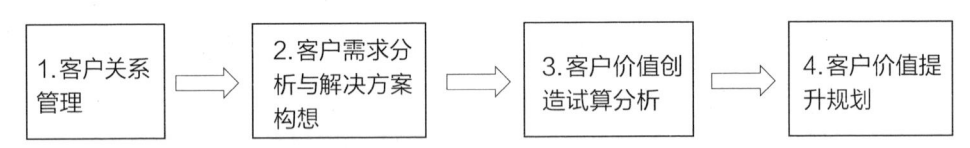

图17-1 客户价值创造营销流程落地四步法

（1）客户关系管理：客户关系是前提，没有客户关系就没有一切，做大客户营销首先要把握客户关系。管理客户关系需要回答以下问题：哪些人参与采购？最后谁说了算？通过谁能影响最终决策者？每个人在项目中的利益点是什么？提升客户关系首先要识别客户权力地图（见图17-2）。

- 审批人：进行审批和会签的人，如CEO、董事长、执行主席。
- 决策者：根据决策支持者建议进行决策的人，如采购委员会的主席、常务副总。
- 决策支持者：对建议书进行综合打分的人，对选择哪个公司进行建议，如CPO、COO、CTO、CMO。
- 评估者：对建议书进行阅读和沟通的人，如评标小组的采购工程师、质量经理、项目经理。

- 决策影响者：受决策影响的人，如职能部门、利益集团、服务部门等。

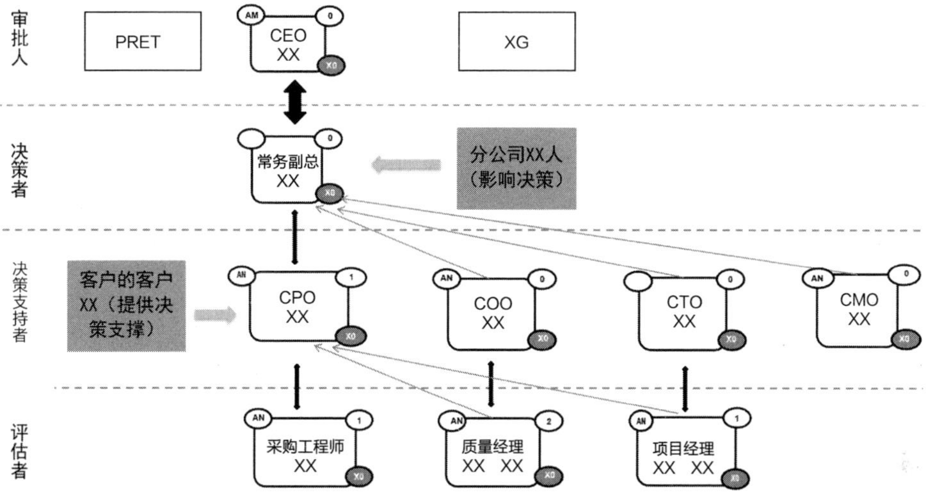

图17-2　客户权力地图

梳理完客户权力地图后，根据客户关键人员对公司和竞争对手的态度进行层级评价，从高到低分别为教练、支持并排他、支持、中立、不认可。根据项目实际情况，制定客户关系提升规划。定义每个关键客户需要提升的客户关系目标，从目标出发实施提升规划，提升规划要结合客户社交风格特点，公司、个人需求的深度挖掘，客户关系提升动作要具体化，根据营销业务进展滚动复盘管理。

（2）客户需求分析与解决方案构想：在保障客户关系的前提下，进行客户需求分析，围绕客户需求进行解决方案构想。识别客户需求，获得客户认可，放大痛点，在客户痛点分析环节识别痛点的相互影响，形成"痛苦链"。"痛苦链"描述客户关键业务问题产生的原因，痛点在客户组织中如何流动，例如，某些职位痛点原因是其他职位的痛点，痛苦相互传递形成链条，并且不中断。基于痛点诊断原因、探究影响、构建能力，形成解决方案，引导客户购买决策。P公司的客户"痛苦链"如图17-3所示。

（3）客户价值创造试算分析：在完成解决方案构想后，在客户的新项目中进行营销解决方案推进，解决方案专家对客户施加影响。在新项目零部件厂家招标前，进行全生命周期财务试算分析，分析项目全生命周期的利润，以此作为项目决策依据。在老项目中对客户当前应用材料进行深入的试算分析，试算分析后推进价值工程（Value Analysis and Value Engineering，VAVE），用价值工程引导客户替代竞争对手，实现价值创新，挤压竞争对手。VAVE融合价值创新的思想：在同质化的基础上降低成本，具备价格竞争优势；在价格相当的基础上具备差异化的解决方案。解决方案的差异化从产品的核心竞争要素体现出来，包含颜色、气味、外观、力学、尺寸等，形成客户现有竞品替代方案。

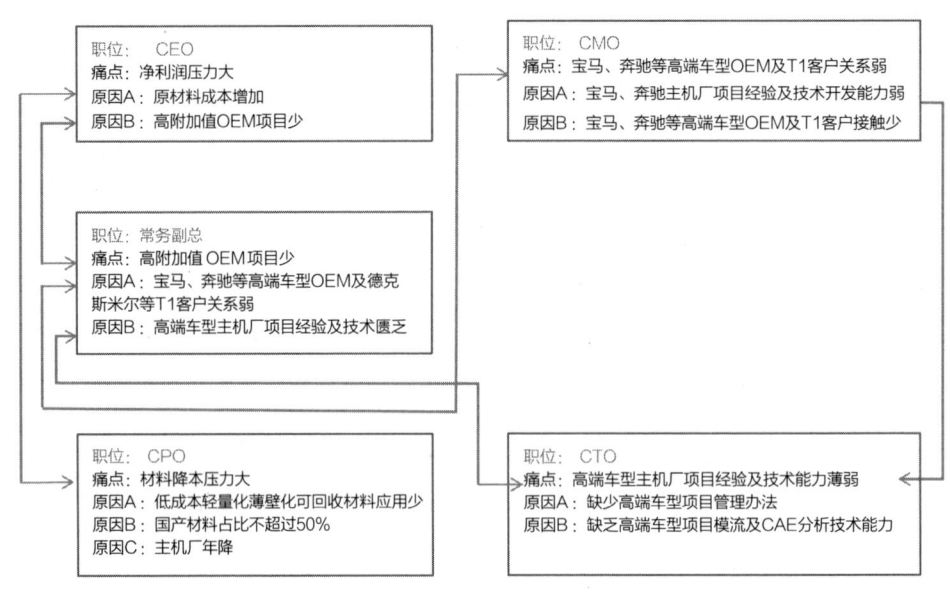

职位：CEO
痛点：净利润压力大
原因A：原材料成本增加
原因B：高附加值OEM项目少

职位：CMO
痛点：宝马、奔驰等高端车型OEM及T1客户关系弱
原因A：宝马、奔驰主机厂项目经验及技术开发能力弱
原因B：宝马、奔驰等高端车型OEM及T1客户接触少

职位：常务副总
痛点：高附加值OEM项目少
原因A：宝马、奔驰等高端车型OEM及德克斯米尔等T1客户关系弱
原因B：高端车型主机厂项目经验及技术匮乏

职位：CPO
痛点：材料降本压力大
原因A：低成本轻量化薄壁化可回收材料应用少
原因B：国产材料占比不超过50%
原因C：主机厂年降

职位：CTO
痛点：高端车型主机厂项目经验及技术能力薄弱
原因A：缺少高端车型项目管理办法
原因B：缺乏高端车型项目模流及CAE分析技术能力

图17-3　P公司的客户"痛苦链"

（4）客户价值提升规划：从主机厂新车型开发催生的新产品开发需求，附加老项目VAVE替代，形成整体的客户解决方案。推进客户整车全面应用公司产品，形成整体的客户价值提升规划，形成具体的策略与具体跟进的商机与项目，用营销项目管理方法管理落地执行。营销项目从预计利润、预计难易程度、成功概率出发评估排序，依据排序优先级牵引资源投入，实施项目分层管理，从项目目标定义、项目计划制订、项目计划执行、项目滚动复盘到项目案例总结，形成闭环管理逻辑，推动客户价值创造模式落地。客户价值提升规划如表17-3所示。

第十七章 "价值创造"营销流程变革

表17-3 客户价值提升规划

序号	客户价值点	方案	难易程度	月采购成本降低额度（万元）	客户关注人	现状	障碍	目标	关键行动计划	启动时间	完成时间
1	牌号A月用量30T，竞争对手××含税价格14.08万元，公司对应牌号B，成本价11.83万元含税，售价13.5万元含税，能给客户一个月降本1.7万元	VAVE	0	1.7	CPO	客户面临净利润下降、采购成本增加的压力，对国产化材料VAVE有兴趣	B牌号前期样件送××实验室测试不通过，竞争对手可以通过	解决技术问题并全部切换成公司牌号B，每月新增40万元销售额，利润5万元	1.原有配方进行分析 2.配方改善料试模 3.试模后送××实验室做实验跟踪	10月25日 11月10日 11月15日	11月15日 11月20日 11月30日
3	牌号E月用量11吨，竞争对手××含税价格34.8万元，对应公司牌号F售价28万元，能给客户一个月降本7.5万元	VAVE	2	7.5	CPO	客户面临净利润下降、采购成本增加的压力，对国产化材料VAVE有兴趣	牌号E由客户指定，VAVE面临一定风险	解决客户风险担忧并全部切换成公司牌号P，每月新增30万元销售额，利润13万元	1.10月底11月初与客户沟通该牌号代事宜并进行报价 2.提供样料试模及验证	11月1日 11月15日	11月15日 12月30日

145

3. 客户价值创造组织变革

客户价值创造模式与流程牵引整体组织架构变革，构建以大客户为中心的组织架构和以客户为中心的平台（Customer Center Platform，CPP）优化内部资源配置。全力聚焦客户，通过构建CCP，改变公司内部原有四大中心的组织形式，成立支撑CCP的六大平台：市场平台、营销平台、技术及产品线平台、交付平台（包括订单、质量、生产、物流等）重大项目平台、业务伙伴平台（包括人力资源、财务、IT、采购等），如图17-4所示。六大平台合力支持CCP成长。立客户中心化，去管理中心化。全面实施VCS营销模式，构建"销售+技术+交付"营销"铁三角"，对准客户需求，将客户需求升华为客户价值。训战结合赋能和平台支撑减负，实现权力下放、风控上移、责任下放、数据上移，人、财、事、责的重置。

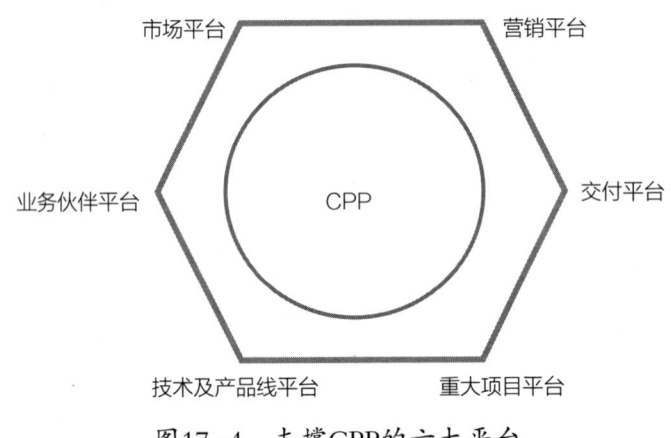

图17-4 支撑CPP的六大平台

固化客户价值创造营销流程，升级全球数字化系统，建立基于集团层面大数据分析的全球商务智能和信息决策系统。全球实施客户价值创造的销售体系，构建"技术领先、运营高效、全球资源集成"的营销管理体系。

4. 激励机制变革

同步实施激励机制变革，建立价值激励机制，实施价值创造、价值评价和价值分享的机制，基于"长板理论"和"共识、共担、共创、共享"机制，明确战略任务，建立评价机制，结合战略任务完成的绩效高低，进行动态管理。构建多层级事业合伙人激励体系，并且实施任职资格评价体系、职位描述体系和绩效评价体系，实施"绩效管理，末位淘汰"，应用双10%选拔和淘汰机制，做到"干部能上能下、薪酬能高能低、岗位能进能出"，激发组织活力。完善"选、育、用、留、裁"的用人机制。在变革过程中实施管理，对消极变革者进行影响和争取，对于一味反对变革者调整领导岗位。

四、成效：驱动业绩增长与人才成长

1. 业绩增长

基于客户价值创造模式取得营销业绩突破，应用价值创造营销方法论支撑五菱战略合作达成，VAVE神通项目成功切入，试点区域江苏地区预计年销量增加5 000万元以上。在试点成功的基础上进行全面推广和应用，促进当期业绩增长，第二年业绩增长提升比例为15%以上，远高于行业平均水平，当期行业基本无增长。P公司进入新能源领域，也在新能源领域应用客户价值创造方法论，实现了快速扩张，构建了管理体系的成功复制能力，促进组织能力发育。

2. 体系建设

价值创造营销模式通过流程落地后，用数字化系统进行固化，基于关键数据进行分析，建立营销作战多维度的BI（Business Intelligence）数据分析体系，依据营销组织层级分层分级地进行数据透视，实施总部—大区—省区—办事处分级管理，基于数据实施营销策略的精准决策，指挥营销人员的行动，实现营销体系的数字化转型。数字化转型一方面借助数字化创新，加快内部流程、业务模式等方面的变革，更好地创造价值，成就客户；另一方面，公司逐渐转变成为数据驱动型组织，带来了更精准的业务决策，未来业务发展也变得更具洞察力。

3. 人才培养

当期实现"双100"人才策略，即100万元奖金激励营销团队优秀成员，营销体系引入100名新进大学生。在价值创造营销体系的基础上，对新进大学生进行人才培养，在流程平台的基础上，新进人员能力快速成长，快速创造营销业绩，成为公司的生力军。从原来师傅带徒弟的模式转变为在流程平台的基础上培养人，并且内部老员工在流程平台的基础上能力和业绩也水涨船高，通过体系迅速将"勤奋书生"培养成"英勇战士"，复制项目成功，积累组织能力。

第十八章

"差异化创新"
研发流程变革

"偶然成功靠运气,持续成功靠体系,建体系、提能力、出精品。"

一、背景：产品创新乏力

　　S公司经营稳健，年销售收入10亿元左右，从事仪器及其解决方案的研发、生产、销售与服务，致力成为全球一流的仪器与系统解决方案供应商。自创立至今，公司技术始终站在行业前沿，在国内检验仪器领域数一数二。截至项目启动前，公司已累计申请专利千余项（其中发明专利300多项）、参与起草制定行业技术标准，技术和产品创新都位于行业前列，研发技术人员人数300余人，营销网络遍布全球，产品行销亚、非、拉、欧等全球多个国家和地区。

　　为更好、更快地发展，公司意识到需要解决研发管理方面的主要问题，对研发管理体系现状进行深入调研，发现主要在以下几个方面存在问题。

1. 产品线规划

　　产品线规划有效性不足，产品线规划不够明晰且缺乏前瞻性，牵引力不够强。

2. 产品策划

　　对客户需求响应速度慢，需求管理不够科学，需求挖掘的完整性和准确性不够高，差异化不明显，产品竞争力不强。

3. 产品开发

　　新产品上市周期长，端到端流程系统性不够，流程执行不够严格。项目管理能力偏弱，团队组织不够合理，团队资源配置效率不高。新产品开发项目进度、质量往往偏离预期。

4. 技术管理

　　技术知识显性化不够充分，缺乏平台累积，公共模块共用不够有效，技术重用度弱，整体技术产出人均效益不高。

二、原因：流程有效性不足

公司一直把研发与产品创新作为核心竞争力，也一直持续在研发上投入，但整体创新效益不高。创新需要技术、人才、资金等要素资源，但这些要素资源需要通过管理有效地组织起来。有效的研发与产品创新管理才能实现卓有成效，卓有成效是可以学到的，也是必须学会的。研发与产品创新需要端到端高效管理，从产品线规划、产品策划、产品开发、技术管理等出发进行问题分析。主要原因可归纳为流程有效性不足、缺乏创新组织架构支撑、缺乏掌握专业创新方法的人才。问题导致产品差异化不足、创新效率不高、成功复制能力弱。具体问题分析如表18-1所示。

表18-1 研发与产品创新问题分析

类型	现状	问题	影响	原因
产品线规划	总工办负责公司年度新产品战略规划；研发承接总工办新产品规划，并推进落实，产品线梳理与规划环节缺少专人负责	产品线规划对新产品开发指导、牵引不够；产品线规划与执行存在脱节；未形成基于产品线战略管理闭环过程	创新资源配置效率不高；产品线规划对新产品、新技术开发指导、牵引力度不强，增加失败成本；产品线规划前瞻性不强，误失竞争先机	尚未掌握有效的基于总体战略、细分市场、客户需求的产品线规划方法；缺乏产品线规划及执行负责人；产品线规划、决策机制不健全
产品策划	新产品创意往往来自公司领导；总工办负责市场调研，并进行可行性分析；总工办负责产品生命周期管理和退市管理；缺乏完整的创意、概念、立项分析、市场研究、需求管理前端流程	创新性新产品创意较少，难以挖掘出具备竞争差异、超出客户期望的新产品机会；可行性分析不够系统、深入，跨部门资源未能充分参与；评审往往依赖公司领导决策	需求挖掘不足，产品差异化程度偏低；项目市场成功率不高；主责策划工作人员成就感难以正向积累，不利于团队成长；策划工作对人的依赖偏高，难以确保一致性、连续性	主责前端工作人员尚未掌握有效的方法；前端管理流程、规范尚不健全；前端跨职能团队未能有效组建与运转

续表

类型	现 状	问 题	影 响	原 因
产品开发	产品开发流程细致程度不够，可操作性不强； 新产品规划和产品开发活动环节输入输出不明确； 设计开发流程中概要设计、详细设计、单元测试、集成测试活动不清晰； 前端流程和生命周期管理流程缺失； 流程没有层级划分，端到端衔接不够明晰	创新前端、产品上市、生命周期管理阶段资源投入、管理规范性不足； 跨职能团队成员参与项目活动未明确要求和定义； 流程整体严肃性不高，缺乏相应流程的管理者（责任人）	产品开发进度延期、质量问题频发； 上市产品的财务、市场目标达成不可控； 部分跨职能团队成员以被动心态参与项目，团队重过程不重视最终结果； 难以将一次项目的成功复制到更多项目上	流程设计团队未掌握研发与产品创新的最佳实践； 流程责任尚未建立； 公司产品线规划、经营的有序性不够高，存在较多的临时性、紧急性任务； 内部流程审计、优化机制尚不健全
技术管理	模块化管理已有一些基础，但系统性、规范性不够； 未能有效掌握模块化设计实施方法； 模块化工作推进与预期目标符合度偏低	研发知识重用度弱； 新产品问题偏多，故障率偏高； 新产品开发未能做到快捷开发，新产品上市时间长	产品售后服务成本高； 新产品开发周期偏长，综合成本较高； 新产品稳定周期长，客户满意度不高； 采购、物控、制造管理成本偏高； 对"能人"依赖度较高，新人成长偏慢	意识到模块化重要性，但未能有效掌握方法，认识尚未完全统一； 模块化推进实施没有与采购、物控、制造等环节系统关联

三、对策：差异化创新研发流程变革

为深度解决公司存在的问题，规划差异化创新研发流程变革，项目"整体规划，分步实施"，以端到端流程为主线，牵引整体创新组织变革，将小

第十八章 "差异化创新"研发流程变革

研发做成大研发，强化公司整体的研发与产品创新导向，并且以差异化创新的端到端研发流程为主线，实现创新战略、创新项目、创新技术一体化运作。变革内容包含创新战略与前端管理、创新组织与流程管理、技术与平台管理三个子系统。整体变革实施以端到端流程为主线，组织变革为落脚点，人才培养为支撑，重构研发与产品创新管理体系，提升组织创新效益。整体变革规划如图18-1所示。

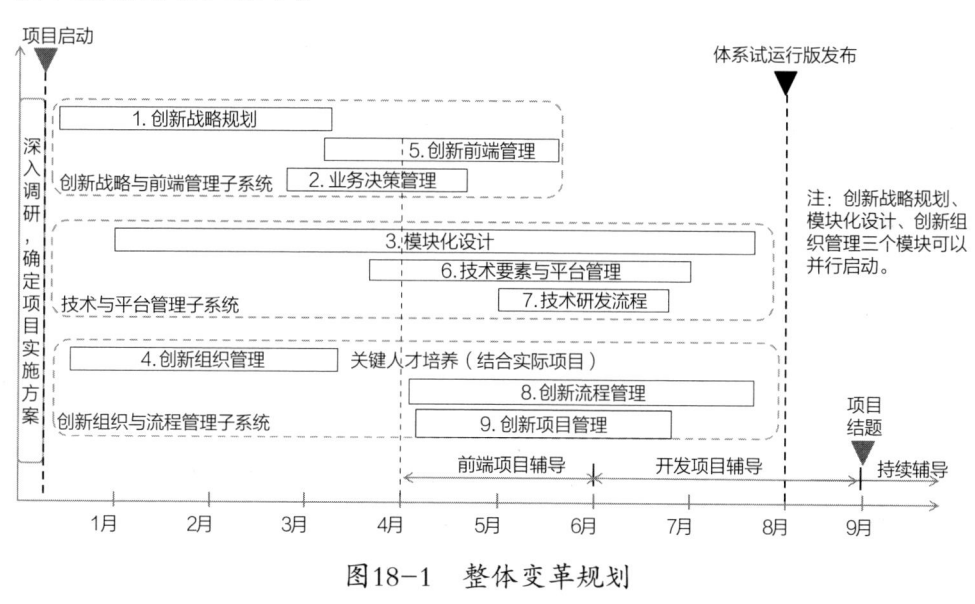

图18-1 整体变革规划

1. 差异化创新研发流程架构

从创新战略、创新项目、创新技术出发，规划一体化运作的流程架构，通过流程牵引组织变革、组织能力成长、差异化、创新效率与质量提升。流程架构呈现结构化，流程架构下辖三级流程，三级流程明确业务场景的人、事、法、果。结合行业特点，流程架构强调差异化创新的核心思想，流程架构设计分为八大阶段，包含创意激发、概念开发、立项可行性分析、产品设计与开发、测试与矫正、上市与交付、生命周期管理、退市管理。阶段与阶段之间是决策评审点，决策评审点对新产品进行"生杀"决策，将产品创新作为一项投资进行管理。差异化创新研发流程架构如图18-2所示。

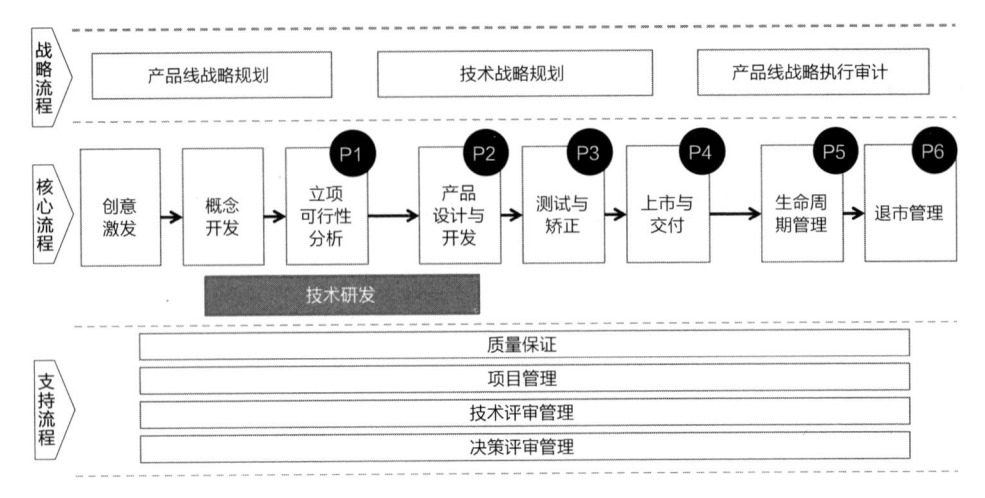

图18-2　差异化创新研发流程架构

差异化创新重点强调前面四个阶段。创意激发阶段强调突破性的创意生成，概念开发阶段围绕产品概念特色、差异化进行深入分析，立项可行性分析阶段的产品定义深入进行产品差异化及技术指标量化分析。产品设计与开发阶段识别技术评审点，提高过程技术的输出质量，确保"一次做对"，包含需求、ID设计、系统设计、模具设计、样机制作、小批、中批、试销、上市等技术评审点，开发过程强化项目管理与质量保证。

通过流程变革实现三大目标：建体系，建立成功可复制的、差异化创新的研发体系；提能力，提升研发人员战略规划、技术管理、需求管理、产品策划、项目管理等能力，构建产品创新成功可复制的能力；提效益，提升整体研发产出，开发差异化的竞争产品，提升整体创新效益。

2. 研发组织变革"三强化一优化"

流程牵引组织变革，从流程架构出发，进行整体组织架构优化，实施研发组织架构的"三强化一优化"。整体研发组织架构变革策划如图18-3所示。

第十八章 "差异化创新"研发流程变革

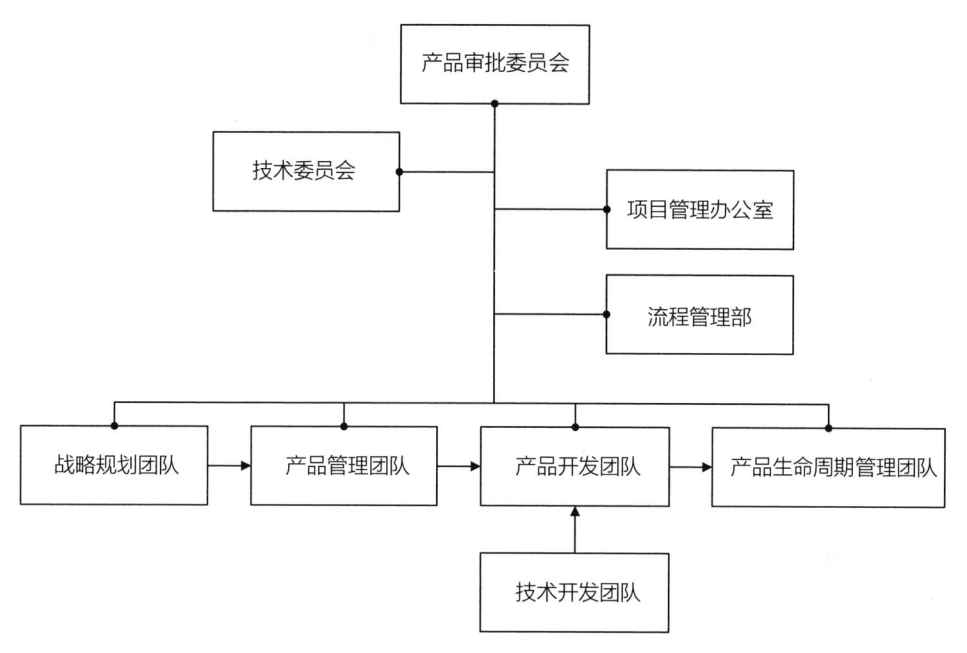

图18-3 整体研发组织架构变革策划

- **强化决策线**：设立公司产品审批委员会和技术委员会，产品审批委员会负责新产品开发决策，技术委员会负责新技术研发决策。通过新产品和新技术驱动公司发展。

- **强化产品线**：设立产品管理团队，全面负责公司产品规划、需求研究、可行性分析等工作。产品管理团队中包含产品线经理，产品线经理负责相应产品线的规划和产品全生命周期管理工作。产品线经理下设产品管理工程师，负责协助产品线经理进行创意管理、需求管理、数据管理等工作。

- **强化管理线**：设立项目管理办公室，强化公司项目管理，全面负责公司新产品开发、新技术开发项目的管理工作。新产品开发项目成立产品开发团队，新技术开发项目成立技术开发团队，产品开发团队和技术开发团队都采用跨职能团队组织模式，提升协同效率。设立流程管理部，下设专职流程经理，负责新产品和新技术开发流程的建设、推行、优化。

- 优化资源线：优化研发资源配置，将原先分散在各科室的研发资源集中到研究院，实施统一管理。研究院的研发资源依据专业条线划分，下设系统组、软件组、硬件组、测试组、结构组。

四、实施：流程变革实施与推进

基于流程框架实施流程变革项目推进，推进过程中遵循"先想客户、再想组织、谁用谁建、执行设计"的原则，流程遵循"梳—写—评—用—优"五部曲设计方法，由流程Owner组织流程梳理，流程相关角色以流程优化小组形式参与流程的分析与研讨，流程优化小组群策群力，推进实际业务问题解决。以核心业务流程变革为例对推进进行说明。产品创新核心业务流程分为创新前端（创意激发、概念开发、立项可行性分析）、中端（产品设计与开发、测试与矫正）、后端（上市与交付、生命周期管理、退市管理）三大阶段。中端有规范但未实现有效，前端、后端基本空白，整体流程优化实施体系建设与人才培养，通过试点项目切入将最佳实践与内部实际情境充分结合。

1. 前端策划流程变革

产品策划原先内部没有流程，产品策划流程需专职产品线经理承载，前端流程变革思路为：方法导入、试点辅导、流程固化。方法导入：导入创意激发、概念开发、需求调研、需求分析、产品定义、立项可行性分析方法。试点辅导：以核心产品线重点产品策划为试点，进行方法的落地应用，产品线经理全程参与，主导试点产品策划全过程。流程固化：将经过实践验证的方法、工具沉淀和固化，形成差异化的产品策划全过程流程，助力内部团队策划出差异化的新产品。

通过深入流程变革，改变产品策划行为，实现差异化的产品策划。创新必须是突破性的，在创意方面，将原来只有高层想创意转变为全员想创意，遴选、优化产品创意，构建新产品的差异化概念。例如，机械手、手机App

控制仪器等多款新产品概念，520、820、机械手等产品通过概念优化提升了产品竞争力。在需求方面，改"闭门造车"为"市场需求"的新产品开发，获取有价值的需求，并将技术与需求相结合，提升产品开发成功率。精准定位产品价值并构建产品差异化优势，助力新产品开发市场成功。在产品定义方面，形成差异化的产品技术特性和质量指标，为开发及上市形成正确输入。例如，对435碳氢氮、105灰熔点、5000A工分、520、固定盘煤仪等实施需求研究和产品定义，提升了差异化竞争力，提升了产品策划质量，降低了开发风险，提高了产品创新成功率。

2. 中端开发流程变革

中端的产品设计与开发、测试与矫正流程内部有规范，但需要从有规范走向有效。中端流程变革思想：构建跨职能的产品设计与开发、测试与矫正流程，新产品开发不只是研发部门的事，通过流程实现跨部门协同、并行开发，构建跨部门的流程型组织。实现基于流程的项目管理运作机制，提升新产品开发效率和质量。

项目管理运作机制保障了流程的落地，促进了流程型组织的运作。因为新产品开发流程是跨部门的，用跨部门项目组适配流程，就是流程型组织。跨部门流程型组织运作通过高层支持、激励机制、组织职责、文化引导保障落地。项目组"一荣俱荣，一损俱损"，管理项目进度、质量、成本，大幅提升了产品创新的效率，从原先职能式开发转变为跨部门流程型组织开发，围绕项目以流程为主线推动了组织变革。

职能式开发模式弊端：沟通效率低，沟通质量差，各管一段，无人对最终结果负责，无唯一责任人，串行开发导致牛鞭效应，职责频繁转移、信息层层衰减，易滋生本位主义和厚厚部门墙。

跨部门流程型组织的优化：团队关注项目，对项目成功负责。并行开发，开发周期短，各环节活动更充分，协作效率更高。打破部门界限，组建混合团队，端到端负责，信息始终共享，项目成败有责任人，团队荣辱与共。决策均衡、全面，代表多方利益博弈制衡，多领域集成知识与经验。

跨部门流程型组织变革是通过流程牵引的，流程界定需要哪些角色，哪些角色参与，哪些角色进入跨部门项目组。流程变革采用"工作坊"方式实施，工作坊应用"贴纸法"进行流程设计。工作坊开展流程如图18-4所示。

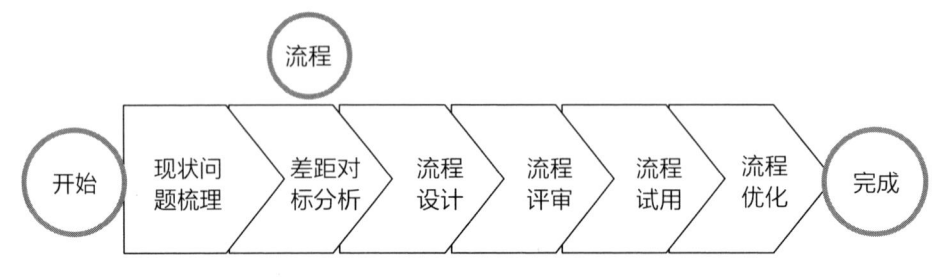

开始 → 现状问题梳理 → 差距对标分析 → 流程设计 → 流程评审 → 流程试用 → 流程优化 → 完成

图18-4　工作坊开展流程

工作坊推进过程中，流程设计进行实际情景模拟，提升团队的参与度，业务问题也充分显性化，流程设计质量有了保障。模板是流程运转的载体，使用者主导参与模板制定，内部经验与外部最佳实践相结合，在内部经验显性化的同时融入了外部最佳实践，既保证了模板易用性，也确保了流程操作落地。

3. 后端生命周期流程变革

后端流程围绕产品上市、生命周期管理变革。产品上市围绕上市目标强调速胜，达成上市目标后进行项目团队移交，项目经理将产品移交给产品线经理，项目团队解散，产品进入生命周期管理阶段。在生命周期管理阶段，产品线经理围绕产品生命周期实施经营分析，提升产品生命周期回报和利润。基于产品经营分析结果提升产品竞争力，可能包含产品调价、产品改进、营销策略调整、产品退市等策略。产品生命周期是投资回报收获期，目的是最大限度挖掘市场潜力，延长产品生命周期，获取最大投资收益，在生命周期末端实施退市。

流程变革前产品运营由各职能部门"共同负责"，"共同负责"最终导致"无人负责"。流程变革后由产品线经理负责产品经营，关注产品市场竞争力变化，对市场问题进行响应，围绕产品生命周期"经营"，缩短导入期、加速成长期、延长成熟期、退出衰退期，提高投资回报。产品生命周期曲线如图18-5所示。

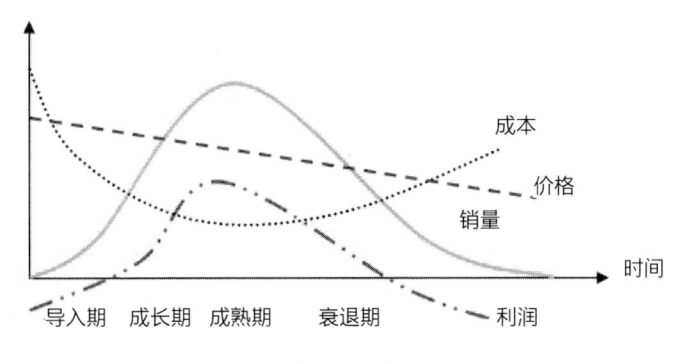

图18-5　产品生命周期曲线

此外，产品线战略管理、技术平台管理、技术研发管理都推行流程变革与组织优化，整体上通过差异化创新研发流程变革，拉通产品创新价值链，再造研发组织模式，推动全员创新，策划差异化的创新产品，支撑业绩的快速发展，构建组织级的创新能力。

五、成效：建体系、提能力、出效益

1. 建体系

初步构建了有效、可复制的差异化的研发管理体系，包含创新战略管理、创新前端管理、创新组织管理、创新流程管理、创新项目管理、创新技术管理，管理体系成熟度从不规范走向有效，如图18-6所示。初步构建内部基于管理体系持续自优化的能力，初步具备新产品开发项目成功可复制的能力，从管理上构建核心竞争力。

图18-6　管理体系成熟度

2. 提能力

大幅提升内部团队创新战略规划能力、产品策划能力、需求管理能力、技术研发能力、平台架构能力、流程管理能力、项目管理能力。培养关键创新人才：创新领导者1名，产品经理4名，流程经理1名，项目经理6名，关键人才经过内部认证，有效支撑研发与产品创新管理体系运作，成为内部创新种子选手。

3. 出效益

产品创新从多、快、好、省四个方面进行评估。对于绩效改善，将复杂程度、开发工作量大致相同的350产品和520产品进行对比，评估研发管理变革绩效。关键绩效指标提升明显，具体如表18-2所示。公司研发管理体系能力的提升，支撑了公司开发差异化的新产品，抢占市场份额，支撑了整体竞争力的提升，并且构建了持续成功可复制的能力，实现从偶然成功走向必然成功。

表18-2 研发管理变革绩效对比

关键绩效指标	体系建设前	体系建设后
多：新产品贡献的营业收入和利润占总体收入和利润的比重高	迫于销售和技服的压力，每年推出3~4款改进型产品	主动创新，基于市场表现，有目的、有计划地推出6~8款改进型产品
快：新产品开发和上市的速度比主要竞争对手快	350产品开发项目从系统设计到上市周期为15个月	520产品试点项目从系统设计到上市周期为10个月
好：开发的新产品能满足客户需求，甚至超出客户期望，产品市场故障率低	产品市场故障率：350产品上市半年内故障反馈率为8%，反馈功能性问题12项；产品差异化竞争力不足，产品上市与竞争对手呈现价格战	产品市场故障率：520产品上市半年内故障反馈率为3%，反馈功能性问题4项；具备自动进样的差异化优势，产品上市销量同比提高25%以上
省：新产品的综合成本比主要竞争对手的同类产品的成本更低	项目经理等成本意识不强，开发过程成本管理粗放。产品本身成本缺乏管控，产品开发人力成本因开发周期而定	项目经理管理开发成本，财务人员进行每个阶段成本核算，产品成本会在前期定义并在评审中控制，开发人力成本降低30%，新产品作为投资决策管理

第十九章

"成本领先"
供应链流程变革

"全球协同，管理前置，效率优先，集采招标，成本领先，柔性灵活，在模式优化下，效率和成本可以兼得。"

一、背景：供应链效率与成本挑战

A是母婴行业的头部企业，旗下婴幼儿奶粉品牌源于海外，发展于创始人的差异化战略定位，将国外优质奶源与中国市场嫁接，生产在海外，市场在中国，把握了中国人口增长背景下市场快速发展的机遇，迎来高速发展。但是，在中国人口出生率下滑的背景下，行业面临存量、减量竞争，全球供应链面临供应效率、供应成本挑战。

1. 供应效率挑战

产成品供应周期长，产成品供应周期比同行竞争对手长20%。产成品在海外生产，通过原料采购—产成品生产—海关报关—国际运输—国内物流等供应链全过程，整体交付周期3个月以上。婴幼儿奶粉又有新鲜度要求，供应周期长影响产品新鲜度，影响消费者对产品的接受度。

因为供应周期长，为保障交付供应链，制定"3+3"订单管理规则，"3+3"意味着提前3个月锁定订单，交付周期3个月。提前3个月锁定订单导致订单预测不准确，订单预测不准确导致订单需求计划难以准确制订，并且订单出货均衡性也不好。销售公司负责订单管理，对产成品库存、原料库存策略缺乏综合考虑，端到端供应链流程整体产销协同缺乏，频繁出现产成品库存"爆仓"或产成品断货。因为供应周期长，供应过程变量多，导致订单执行变化多，如订单调整、订单取消等情况，影响订单履约执行与交付。整体产销协同与供应效率面临较大挑战。

2. 供应成本挑战

国际供应链成本高导致产成品成本高，在行业高速增长下产品售价也高，产成品成本高问题被掩盖。但在存量、减量竞争时代，伴随国产竞争品牌崛起，行业陷入价格竞争，产成品成本高的问题制约市场拓展和销售业绩。从整体上看，原料成本高、加工成本高、质量报废成本高，如国际供应链受到国际局势等多方面影响，包材等成本居高不下。以产成品包材铁罐为例，单个包材综合成本比业界同行贵6元左右，成本高影响供应链整体竞争力，影响企业业绩发展。

二、分析：效率与成本分析

1. 供应效率分析

对供应链全链路现状进行复盘和问题分析，围绕订单预测周期、供应交付周期展开。

订单预测周期长：订单预测周期背后是供应链备料周期，订单预测周期长导致备料周期长，原料库存压力大。缩短预测周期，可以得到更精准的预测结果，订单预测准确率更高，压缩供应链备料周期。缩短预测周期可以有更高的预测迭代频率、更多的迭代次数，有助于减少渠道产品库存，减少资金积压。

供应交付周期长：围绕供应链全流程关键里程碑节点（见图19-1）分析，当前是3个月的交付周期，交付过程中存在等待，考虑压缩供应交付周期，提升产品新鲜度。

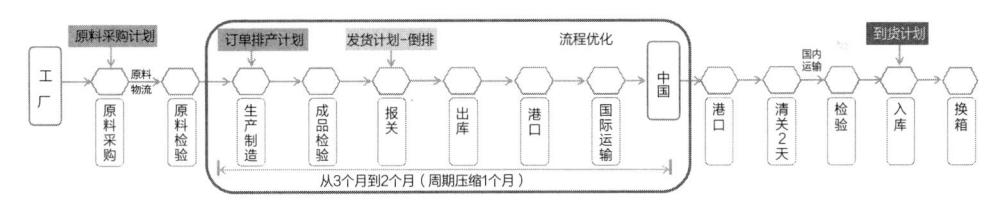

图19-1 供应链全流程关键里程碑节点

- 生产到发运：周期为35天，在国外工厂生产、成品检验的周期长，成品等待检验结果后进行放行。考虑全球质量协同，部分长周期检测指标可移到国内检测，生产到发运周期存在压缩空间。

- 放行到装运：周期为12天，工厂放行之后才订舱，到放行的时候有时没有舱位，又需要等待，导致周期长。通过提前订舱、提前报关的方式，实现流程的"并行工程"，放行到装运周期存在压缩空间。

2. 供应成本分析

供应成本高的主要原因在于原料采购成本高、加工成本高两方面。

- 原料采购成本高：原料采购成本高是因为原料采购模式。原料采购未实现统筹集采，国外工厂与国内工厂供应链各自管理，未实现带量招标。国外工厂采用贸易模式，部分原料独家供应，关键物料通过本地贸易商进行采购，价格高出市场价格。关键原料与本地供应商绑定多年长周期的不平等调价机制，成本压力聚焦在买方而不是供应商。

- 加工成本高：因生产计划不均衡导致加工成本高，供应链计划管理体系未全面拉通，而且在前端销售预测环节，预测需求计划"直上直下"。销售出货不均衡导致海外生产成本难优化，生产供应体系不均衡，在旺季生产产能严重不足，在淡季订单很少，工厂很清闲，工人很难排产。这带来了高昂的加工成本，需要通过订单计划管理和库存策略进行平衡，实现"削峰填谷"。

三、对策：供应链流程变革

综合效率与成本的问题分析，可以发现效率和成本其实紧密关联，从供应链流程变革切入可解决效率和成本问题。变革范围包含供应链计划管理流程、供应链订单交付流程、供应链采购流程。通过流程变革优化业务模式、提高供应效率、降低产成品综合成本，具体对策如表19-1所示。

表19-1　供应链问题点对应变革对策

问　题	问题点	对　策
供应周期长	订单预测周期长	供应链计划管理流程变革
	供应交付周期长	供应链订单交付流程变革
供应成本高	原料采购成本高	供应链采购流程变革
	加工成本高	供应链计划管理流程变革

1. 供应链计划管理流程变革

缩短订单预测周期，将提前3个月锁定订单变革为提前2个月锁定订单，缩短预测周期，提升订单计划准确性，促进销售需求预测计划、发货计划、生产计划的整体协同。利用库存策略缓冲提升计划均衡性，降低加工成本和运营成本。结合终端行情，制定针对性库存策略，强化库存管理，规避断货、库存积压、"爆仓"等风险。

2. 供应链订单交付流程变革

交付流程在"前置管理、周期压缩、交付保障"的指导思想下实施变革，将订单交付周期由3个月压缩为2个月。周期压缩从订单交付流程主线切入，识别交付周期的关键路径，向关键路径要时间。经过关键路径分析，产成品检测周期压缩、订舱前置缩短等待时间、发货准备前置实现并行等成为周期压缩的落脚点。

3. 供应链采购流程变革

全球供应链协同推行集采模式、带量招标，锁定降本目标。通过供应链全球集采、全球协同、带量招标降低原料成本和物流成本，通过国内二次生产环节前置降低人工成本。

三大流程变革应从整体供应链流程架构蓝图指引下出发，明确流程前、后衔接关系。全球供应链流程架构参考供应链SCOR模型，基于供应计划—采购—生产—检验—国际物流—国内物流—国内二次生产—发货等端到端进行建模，并且在主流程架构上识别成本控制点、交付周期控制点，围绕控制点进行深化和改进分析。全球供应链流程架构建模如图19-2所示。

四、实施：供应链流程变革落地推行

1. 供应链计划管理流程变革推行

订单锁定周期从M+3调整为M+2，订单锁定策略报公司订单决策委员会，通过整体产销平衡会议进行决策。销售订单预测准确率也纳入考核，从销售公司一线逐层管理，叠加汇总。当然，所有预测都是不准确的。预测从数据开始，由判断结束，预测不足，执行弥补。强化需求预测执行过程的迭代，

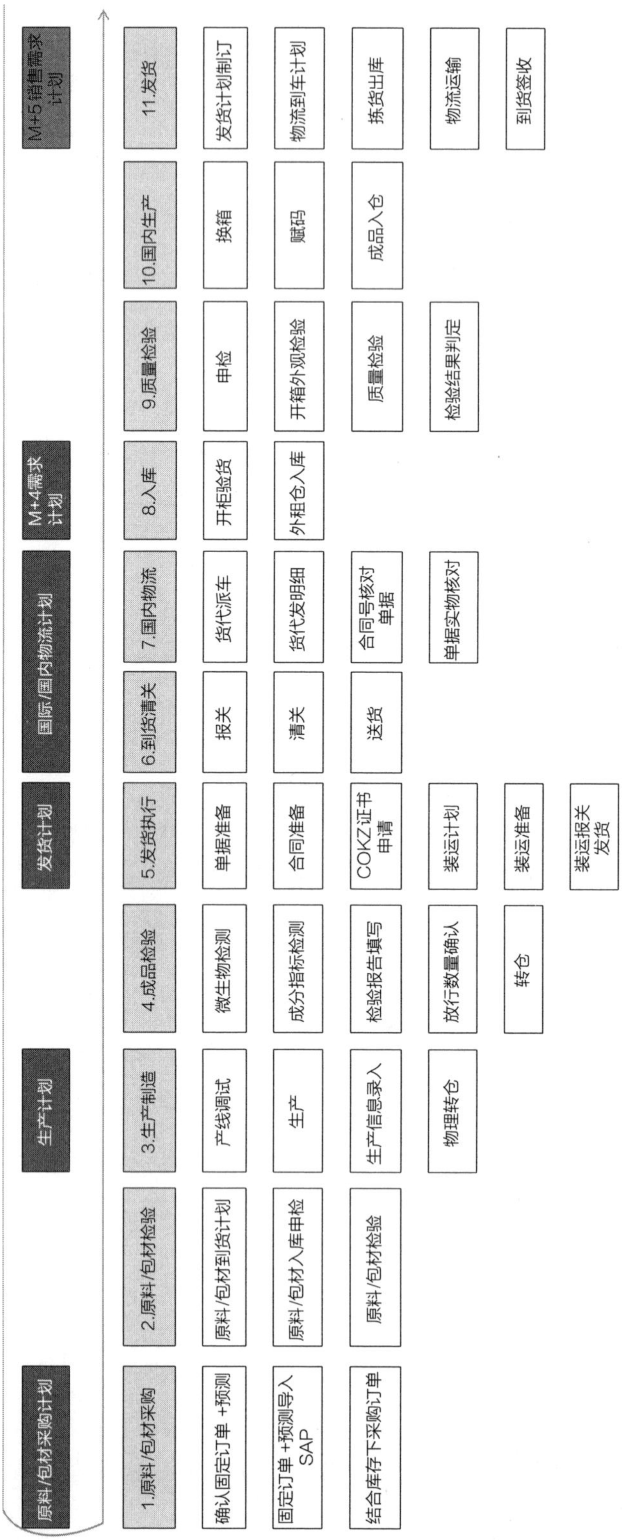

图19-2 全球供应链流程架构建模

每月滚动总结实际销量与预测需求计划的偏差，偏差迭代到下一周期再计划。通过缩短供应周期，整体供应响应能力得到提升，为快速迭代奠定了基础。此外，通过强化库存管理推进产销平衡，提升整体计划的均衡性。安全库存依据产品型号的销售数量有针对性地制定。库存管理权限由销售管理调整为供应链管理，结合淡旺季进行库存实时调节，安全库存起到缓冲作用。通过提升供应链需求计划均衡性，推进排产计划的均衡性，降低加工成本。变革后的订单计划管理流程如图19-3所示。

强化中长期产能规划，推行五年产能规划和年度订单需求计划，落实中长期需求预测，解决现有需求计划预测以订单输入为主、缺乏前瞻性和产能储备时间、预测展望期短、决策质量与效率低等问题点。销售每年10月根据年度经营计划及五年战略规划，制订次年年度销售需求计划及五年销售需求计划。供应保障部分配各工厂进行年度订单与预算制定和五年产能保障规划，汇总所有工厂年度订单、预算、五年产能保障规划，整体考虑合理分配，形成供应计划，保障供应的同时尽可能降低成本。年度订单、预算、五年产能保障规划汇总后提交公司决策。

2. 供应链订单交付流程变革推行

交付周期由3个月压缩为2个月，基于供应链主流程架构，识别供应周期影响的关键节点，形成供应周期分析网络图（见图19-4）。从网络图出发分析关键路径，向关键路径要时间。围绕关键路径进行供应周期压缩分析，识别当期改进空间。关键路径包含国外工厂端的原料/包材采购、生产制造、成品检验（微生物检测、检验报告填写、放行数量确认、系统转仓、转仓数量核准）、发货执行（单据准备、COKZ证书申请、装运、发货、国际运输、到货通知）。

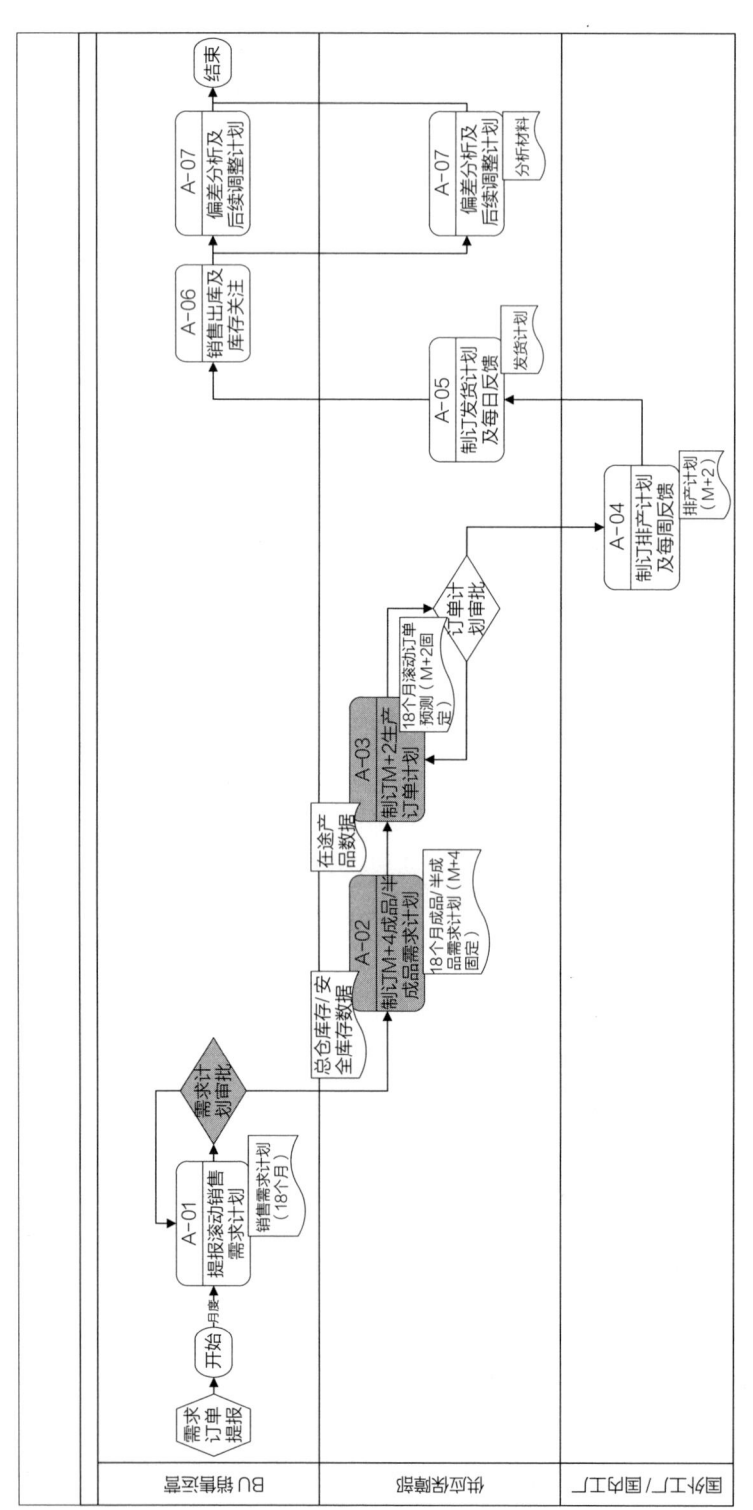

流程型组织变革——数字化转型与业绩增长路径

图19-3 变革后的订单计划管理流程

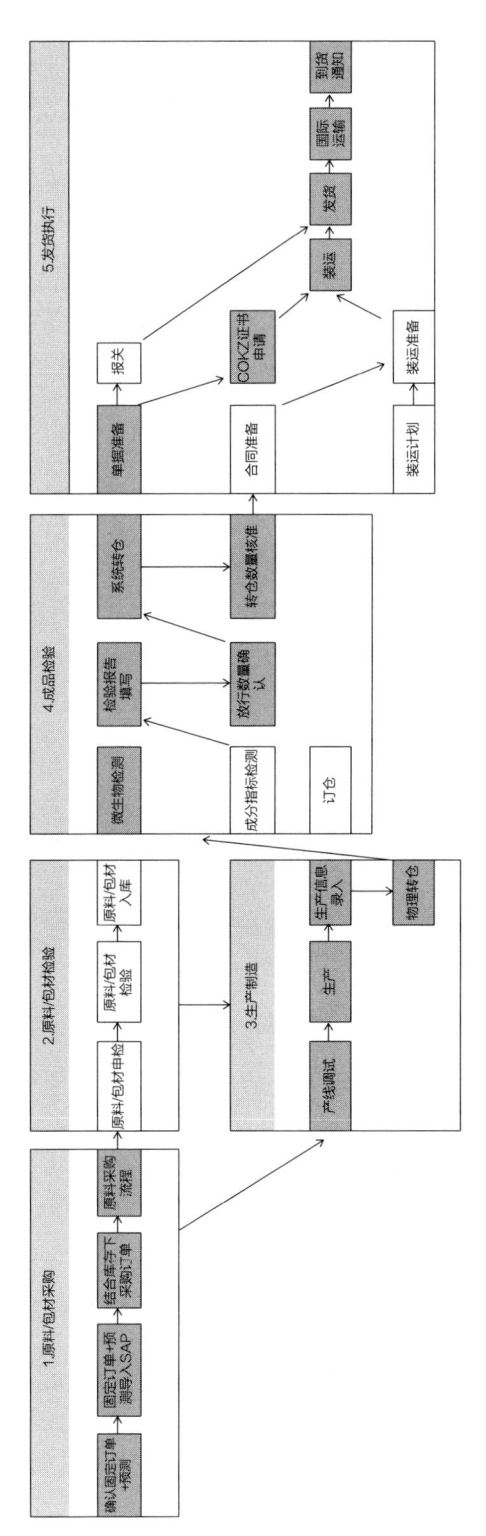

第十九章 "成本领先"供应链流程变革

图19-4 供应周期分析网络图

围绕关键路径上的周期可压缩活动进行周期压缩，定位周期压缩点，明确周期压缩关键举措，供应链周期压缩举措如表19-2所示。将供应周期由3个月压缩为2个月，并且进行流程调整，应用数字化系统，实施流程固化。

表19-2 供应链周期压缩举措

流　程	活　动	周期压缩举措
原料/包材采购	结合库存下采购订单	大单品原料/包材进行库存设置，压缩采购周期，原料/包材备库存
成品检验	微生物检测	在质量风险可控的前提下，国外推行快放，取样候在途中等待检测结果
成品检验	成分指标检测	在质量风险可控的前提下，国外推行快放，取样候在途中等待检测结果
成品检验	订舱前置	提前订舱，在产成品生产完成后进行订舱，压缩订舱等待时间
发货执行	单据准备	单据准备前置，前置准备后提前进行COKZ证书申请
发货执行	合同准备	合同准备前置，运输合同更多是框架协议，阶段性再进行物流运费结算

3. 供应链采购流程变革推行

全球协同、集采模式、带量招标，推动原料成本下降，并且围绕供应链主流程进行供应链成本结构分析，识别供应关键成本要素，推动供应链成本下降。基于成本结构分析成本下降的机会点，实现供应链成本领先战略。

（1）原料/包材集采降本：基于成本领先的价值定位，构建集采业务模式。集采实现的关键在于采购计划集成管理、采购标准目录管理、供应商资源管理，基于这三点进行采、购分离，通过采购商城数字化系统的支撑，实现采购信息交互与订单管理，解决业务存在的问题点，实现降本增效。集采业务模式蓝图如图19-5所示。

基于集采业务模式定位，在采、购分离和带量招标思想指导下，进行价值链梳理与流程设计，并且牵引组织适配。集采模式下的采购业务分为前台、中台、后台。前台是需求方，进行原料订单需求管理，实施需求提报和到货验收。中台主导"购"，进行订单交付与运营管理，融入供应链管理。后台"采"主导供应商集采与中标管理，管理框架合同和供应商，通过前、中、后台形成平台式的分工与协作,并且所有的供应商信息录入公司的采购商城。集采扩大了量,实现了以量换价、与优质供应商更紧密的合作,以及阳光采购。

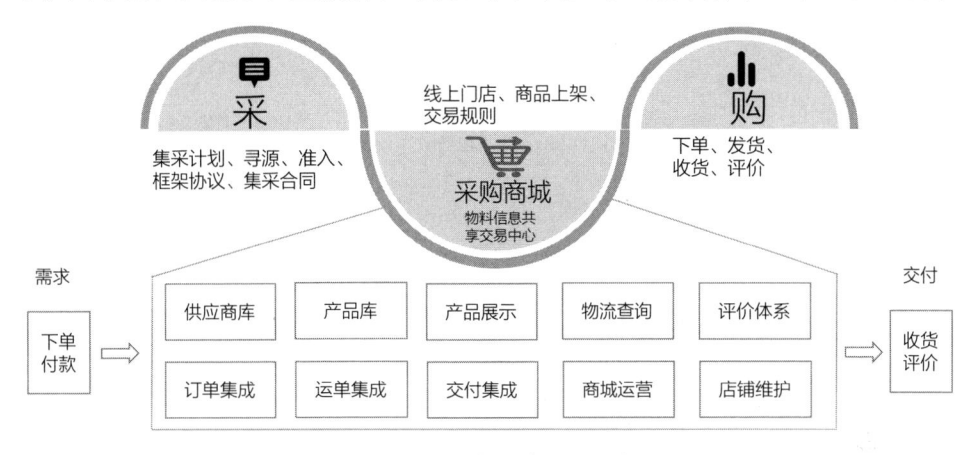

图19-5 集采业务模式蓝图

结合原料的集采成功推行,国际和国内物流也采用集采招标降本。根据交期确立铁运、海运等运输方式,在满足交期的前提下尽可能选择低成本的运输供应商和运输方式,实现了一定程度的成本节约和下降。供应链成本降本举措如图19-6所示。

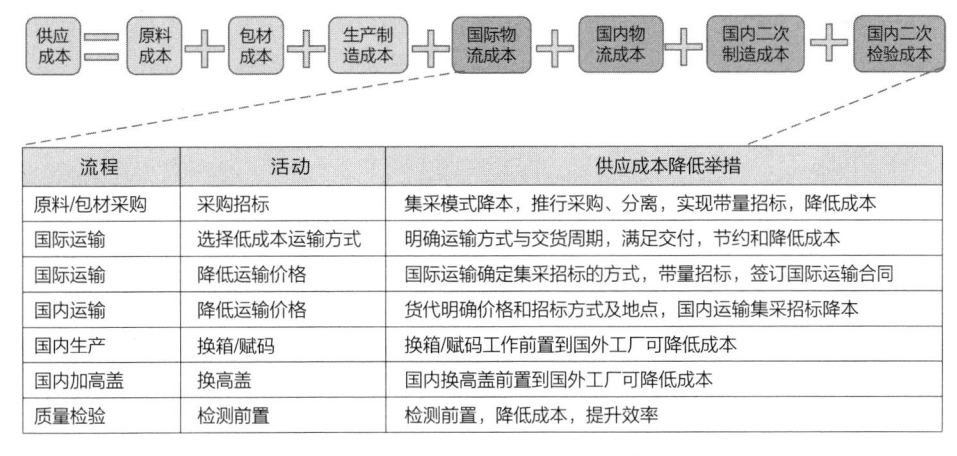

流程	活动	供应成本降低举措
原料/包材采购	采购招标	集采模式降本,推行采购、分离,实现带量招标,降低成本
国际运输	选择低成本运输方式	明确运输方式与交货周期,满足交付,节约和降低成本
国际运输	降低运输价格	国际运输确定集采招标的方式,带量招标,签订国际运输合同
国内运输	降低运输价格	货代明确价格和招标方式及地点,国内运输集采招标降本
国内生产	换箱/赋码	换箱/赋码工作前置到国外工厂可降低成本
国内加高盖	换高盖	国内换高盖前置到国外工厂可降低成本
质量检验	检测前置	检测前置,降低成本,提升效率

图19-6 供应链成本降本举措

(2)生产/检验前置管理降本:国内二次制造环节(包含换箱/赋码/换高盖)前置到国外工厂,降低生产成本,在国外工厂一次性生产完再交付国内。国内的二次检测也进行前置管理,在国外开发国标检测方法后,在国外工厂产成品下线后实现检测,降低检测成本。

4. 流程调节机制提升供应链柔性

对变革后的流程实施固化，为响应订单执行过程的变化需要提升供应链柔性，订单交付过程中也需要平衡交付周期和成本。通过强化需求计划决策机制、月度订单调节机制，提升整体供应链的柔性。

（1）需求计划决策机制：强化月度需求计划、月度生产计划决策，综合当期市场需求、库存数据、国外原料库存实施计划决策。结合全链条产成品、半成品、原料数据明确当月订单执行整体策略。决策输出当月在途产品到货时间、在线产品运输方式、安全库存设置策略。

（2）月度订单调节机制：因为销售预测难以百分百准确，需求计划与实际销量数据肯定会有偏差。考虑每半月进行订单执行调节，动态调节M+2生产计划、排产计划、产品运输方式、在途产品到货时间。通过调节机制，让计划逼近现实，提升供应链柔性，降低供应成本，保障供需平衡。具体调节机制如表19-3所示。

表19-3 调节机制

调节点	调节点触发条件	具体调节点执行说明
成品安全库存调节	销售波动	根据销售预测进行产成品安全库存调节，根据月度订单计划进行产成品安全量审视，产成品安全库存调节区间为最小安全库存与最大安全库存
运输周期调节	需求计划与实际销量有偏差，出现爆仓或断货风险	根据产成品仓库库存、未来两月销量评估，灵活利用供应链各个环节，调节运输周期
运输方式调节	销售波动	根据销售实际情况以及未来库存预测，在成本可接受的情况下，选择或更改运输方式（海运或铁运），特殊紧急情况下选择空运
快放机制调节	需求计划与实际销量有偏差，出现断货风险	原则上国外工厂默认快放，其他地区产品默认正常检测放行，特殊紧急情况下将根据国外政策情况，综合评估质量风险和成本，决定是否进行快放或加速快放（不等检测结果直接放行）
排产计划调节	需求计划与实际销量有偏差，出现爆仓或断货风险	原则上当月订单当月生产，已固定订单不可更改排期，特殊情况如销售计划大幅调整且已无法通过其他方式调节时，将综合成本影响和成品报废风险一起上报管理层决定是否调整排期计划

续表

调节点	调节点触发条件	具体调节点执行说明
生产订单调节	总体计划修正	生产订单为每月固定订单时，对当月固定订单及后续预测订单进行调节
原料库存调节	需求计划浮动	根据产销情况及未来预测，调节原料库存及备料计划

通过调节机制更好地促进订单准时交付，匹配产销协同。此外，在中外协同上通过组织设计、机制导向促进整体产销协同。流程在业务设计中也起到"四两拨千斤"的作用，支撑了供应周期压缩、成本下降，整体上促进了全球供应链管理升级，推动了组织优化与机制变革，强有力地推动供应链整体竞争力提升。

五、成效：构建供应链成本领先竞争力

1. 供应周期压缩

供应链总体效率提升，带来供应周期压缩。项目推行4个月后，关键大单品产品采用铁运方式，从生产到交付周期压缩1个月左右，改进前周期为90~100天，流程变革推行后周期为50~60天，订单交付周期总体由3个月压缩为2个月。

2. 供应成本降低

全球协同的集采模式落地推行后，原料/包材采购成本平均降低4.5元，国际物流、国内物流通过集采招标降低成本5%，提升了供应商管理能力。产品生产和检测前置到国外工厂已经立项并在推进中。公司通过成本领先战略提升了竞争力，实现了产品利润增长。

3. 产销协同提升

国内与海外工厂基于共性的流程与标准，明确关键节点沟通信息接口规则，逐步实施组织协同例行化。基于流程开发国际供应链OTS（On Time Shipment）系统，实现订单信息全程在线，并且内部优化供应链组织

设计和订单管理考核激励机制。整体提升中外协同，销售、供应链管理、生产工厂横向拉通，实现信息协同、流程协同、计划协同、机制协同、执行协同，实现供应链的集成与一体化管理，提升整体产销平衡及供应交付能力。

第二十章

"集成一体"
计划流程变革

"预测都是不准确的,需要用时间换空间,计划体系由分散结构转为集成结构,牵引构建以客户需求驱动的一体化、集成化、精细化供应链产销协同模式。"

一、背景：订单准交难

H公司始建于1995年，主要从事商用车、乘用车的汽车零部件的研发与制造，是全球知名的汽车零部件制造商。公司具备一流的汽车零部件铸造、加工能力，在国内已经建立十多家工厂，业务辐射全球，在意大利、德国、北美设立了10多家子公司，并且已与全球10多家世界500强主机厂企业建立了良好的业务合作关系。公司年销售收入约60亿元，公司整体业务良性发展，每年以20%以上的复合增长率增长。但是，在业绩增长下，客户订单交付遇到瓶颈，订单交付成本高，产销难以平衡。订单交付的突出矛盾主要表现在销售预测难准确、订单交付急单多、产品库存数量大三方面。

1. 销售预测难准确

公司实行月度订单管理模式。通过月度销售订单预测，制订供应链体系的交付计划，并且分解为生产计划、采购计划。实际订单运营逻辑为：每月24日销售预测下月客户要货计划，26—27日销售报下月计划。但很多汽车主机厂客户是月底才制订下月生产计划，根据内部统计，月度订单预测准确率在60%左右。因为预测的准确性不足，导致整体供应链计划体系出现偏差，也导致部分订单难以实现准交。

2. 订单交付急单多

因为月度计划不准确，导致订单交付计划变更、客户急单多、生产急单多、采购急单多。整个供应链体系经常陷入"应急式"响应，整体运营成本高、效率低。以采购为例，为了保障交付，紧急采购订单非常多，新产品的订单、量产的订单都紧急，采购每个月紧急订单300～400个，占全部订单的15%左右。紧急订单打乱了采购节奏，增加了采购成本，降低了运营效率。

3. 产品库存数量大

因为缺乏相对准确的计划管理体系对订单交付的指导，供应链为了满足客户订单交付需求，进行高额的库存备货。公司整体库存水平高，原料库存金额在1亿元左右，成本库存金额在3亿元左右。库存量大导致资金积压，整体交付成本高、库存管理隐性成本高，带来产品质量隐患。例如，部分产品长时间处于库存状态，导致呆滞、闲置、锈蚀，甚至存在报废风险。

二、根因分析：计划体系失效

计划管理是供应链交付体系的龙头，是产销协同的核心，也是永恒的难题。因为计划体系的失效，导致整体供应链交付难、效率低、成本高。首先围绕现行供应链计划运营逻辑（见图20-1）进行整体供应链交付体系问题分析。问题根因表现在订单需求计划失效、交付计划横向断点、计划执行纵向割裂、库存计划失效四个方面。

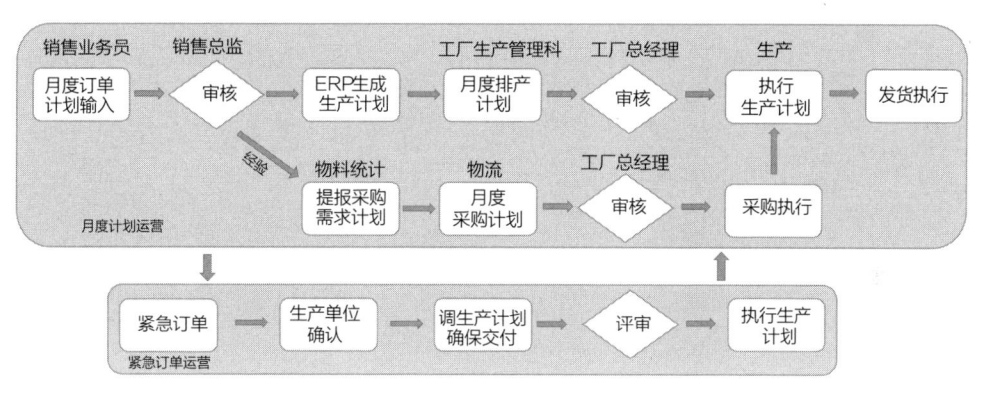

图20-1　现行供应链计划运营逻辑

1. 订单需求计划失效

订单需求计划失效，整体预测准确性过低，月度需求计划预测准确率在60%左右，未能给供应链相对准确的输入，导致供应链交付体系"乱打仗、打乱仗"。预测计划准确性低，且在月度内也未进行滚动更新，后端供应链体系交付保障计划无法相对准确制定。物流、生产、采购缺乏精准的需求输入进行计划排期，导致难以实现准交，为了准交付出高昂的急单或库存成本。

2. 交付计划横向断点

供应链内部交付计划信息、数据未拉通。例如，物流、生产、采购计划割裂，每个部门根据生产工厂的指令割裂式制订计划。生产工厂依据工厂库存、工厂产线排程、工厂生产下线制订计划，这相当于以产定销模式。以采购为例，采购需求计划未基于月度排产计划制订，未充分考虑成品库存，未实现与生产计划拉通。计划管理体系应该横向一体，将客户订单需求计划、发货计划、生产计划、采购需求计划横向拉通。从客户订单需求计划出发，结合外库库存和物流周期，制订发货计划。发货计划结合生产周期、厂内库存，导出生产计划。生产计划结合原料库存、采购周期，导出采购需求计划。

3. 计划执行纵向割裂

计划执行缺乏纵向一体化贯通，各大工厂生产管理科制订计划，但缺乏计划执行管控，问题被掩盖。供应链计划管理应该有整体的计划组织，一套数据、一套标准。实时监控和关注采购、生产、物流各环节的计划执行与偏差。生产运营部应统筹生产工厂入库计划执行与偏差，采购部应监控工厂采购科采购计划制订与偏差，形成纵向的一体化计划执行管控体系，管理计划制订与计划执行，形成纵向的闭环计划管理机制。

4. 库存计划失效

库存计划陷入"高层拍脑袋决策"，缺乏科学的且基于客户订单需求、供应保障偏差、供应能力的库存策略制定。整体库存计划应包含成品库存计划、半成品库存计划、原料库存计划。为保障交付，成品库存计划应基于订单需求，结合客户日使用量、日生产量、生产周期、运输周期，由销售制订。半成品计划由生产单位制订，重点考虑生产周期和产线切换。原料库存计划由采购结合采购周期制订，当前原料库存缺乏管理，入库即出库，原料库存数据也不准确，原料库存计划的准确制订也需要BOM（Bill of Materials）的标准化、准确性保障。

三、对策：集成一体的计划流程变革

从问题根因出发，推进计划体系流程变革，深入解决存在的问题点，提升订单交付及时率，降低订单运营成本。计划体系业务架构（见图20-2）分三层：月度计划指导、周执行计划、计划执行保障基础，并且分解执行任务至各业务负责人。

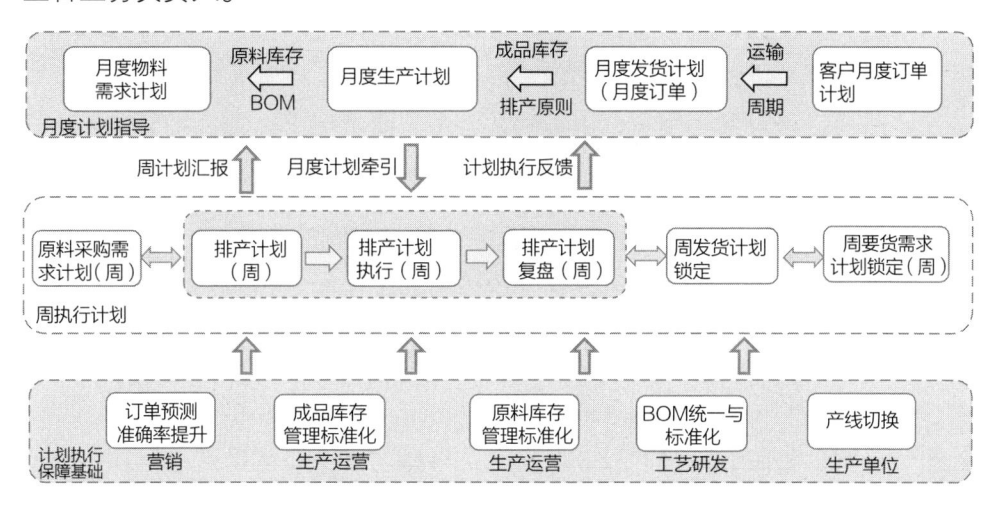

图20-2 计划体系业务架构

1. 月度计划指导

推行月度计划变革，由依据月度计划执行到依据月度计划指导。原来是依据月度计划制订供应链各个环节的月度执行计划，变革为依据月度计划制定整体供应策略，执行计划依据周执行计划制订。月度计划是月度预测，作为成品库存、产能规划、月度排产、成品库存等整体月度策略制定的指导，不作为具体的交付计划执行输入信息。因为月度预测本来就是不准确的，月度计划指导便于月初进行整月交付的规划和整体考虑。

推动月度计划准确率的提升。月度计划作为指导，依然对准确率有要求。在原有基础上提升月度计划的准确率，从提升月度销售预测计划准确率切入。提升月度销售预测计划准确率主要从近三个月客户历史消耗量、预测时间由24日调整到月底、依据客户属性进行分类分模型预测、建立预测准确率分析追溯考核机制四个方面推进，并且在执行过程中建立月中追溯修正机制。

月度计划横向拉通。客户月度订单计划、月度发货计划、月度生产计划、月度物料需求计划实现横向拉通，实现从客户需求开始一套数据、一套标准，拉通供应链交付体系的物流、生产、采购等部门。

2. 周执行计划

周执行计划是订单交付的依据，因为月度计划预测不准确，通过周订单的快速迭代，用时间换空间，每周确认客户周要货需求计划、每周排产、每周提前备原料、每周对齐供应与交付需求、每周总结偏差、每周统计与分析偏差、每周滚动管理，提升订单准交率，提高交付响应能力。

周执行计划横向拉通。周执行计划在周四锁定下周销售预测计划，销售预测周计划准确率考核标准在95%以上，通过周执行计划拉通周发货计划。基于周发货计划，由工厂生产管理科周五制订下周排产计划，并进行锁定，由生产运营部备案，对排产计划执行进行考核。周原料采购需求计划提前一周制订，并且基于周排产计划在本周执行的情况进行修正。每周六销售、供应体系对齐周执行计划，识别交付偏差，并且进行前置管理，若确实存在交付困难，则提前与客户进行沟通。

周执行计划纵向一体化运作。周执行计划在生产工厂由工厂采购、工厂生产管理科、工厂发运物流打造成横向执行闭环。集团生产运营部、物流部、采购部进行垂直管控，形成纵向一体拉通，强化计划执行管理，强化考核。

3. 计划执行保障基础

优化计划管理体系的执行保障，包含订单预测准确率提升、成品库存管理标准化、原料库存管理标准化、BOM统一与标准化、产线切换六个方面。月度订单预测、周订单锁定已经在上文中提到，BOM统一与标准化由技术部优化与修正，形成工艺BOM和生产BOM的管理。产线切换由生产部门在精益生产方法的指导下持续推进，提升生产管理能力。

第二十章 "集成一体"计划流程变革

在保障基础方面,计划流程变革项目重点围绕成品库存管理标准进行优化,依据产品类型分级分类,对库存管理标准进行设置。库存管理标准如图20-3所示。从标准出发建立库存保障订单交付的同时降低库存资金占用,库存围绕客户的淡旺季消耗量的变化进行动态调整。计划不足,库存与执行弥补,安全库存作为订单交付响应的缓冲,缩短响应周期,提高响应能力。

产品类别	范围	库存原则	安全库存天数
A1	N+2月均需求≥200件,过去3月开票额≥115万元	厂外库存:日消耗量 ×(发运周期+安全库存天数) 厂内库存:5天库存,按照周计划执行	厂外:5天 厂内:7天
A2	N+2月均需求≥200件,过去3月开票额<115万元	厂外库存:日消耗量 ×(发运周期+安全库存天数) 厂内库存:10~20天库存(平衡淡旺季),按照周计划执行	厂外:10天 厂内:10天
B	0件<N+2月均需求<200件	厂外库存:日消耗量×发运周期+安全库存(20天安全库存) 厂内库存:日消耗量×7天(7天安全库存)	厂外:20天 厂内:7天
C	新产品;未转批量生产的产品;公司有计划消耗库存类产品;停止供货时间≥3个月的产品	厂外库存:不设置厂外库存 厂内库存:根据订单需求排产,不做储备,生产尾数入库	厂外:0天 厂内:0天

图20-3 库存管理标准

四、实施:推进计划集成流程型组织变革

计划管理流程变革历时半年,变革过程从问题切入,以对策研讨为抓手,以流程沉淀为主线,反复围绕现实进行深度思考,反复研讨,反复凝聚共识,最终沉淀了计划管理流程体系,推动了计划管理组织集成,实现了流程系统的固化,形成了一体化集成的计划运营交付模式。

1. 计划流程体系一体化

基于计划体系业务架构,形成一体化的计划流程体系,包括月计划的预测与指导、周计划的锁定与监控、日计划执行的快速响应纠偏,计划流程体系如图20-4所示。计划流程体系牵引供应链物流、生产、采购各个条线进行工作执行、偏差分析、持续改进。生产每日监控计划入库完成情况,排产计划执行异常,采购监控每日物料到货齐套情况,物流监控每日发货计划执行情况,销售监控客户每日消耗量。

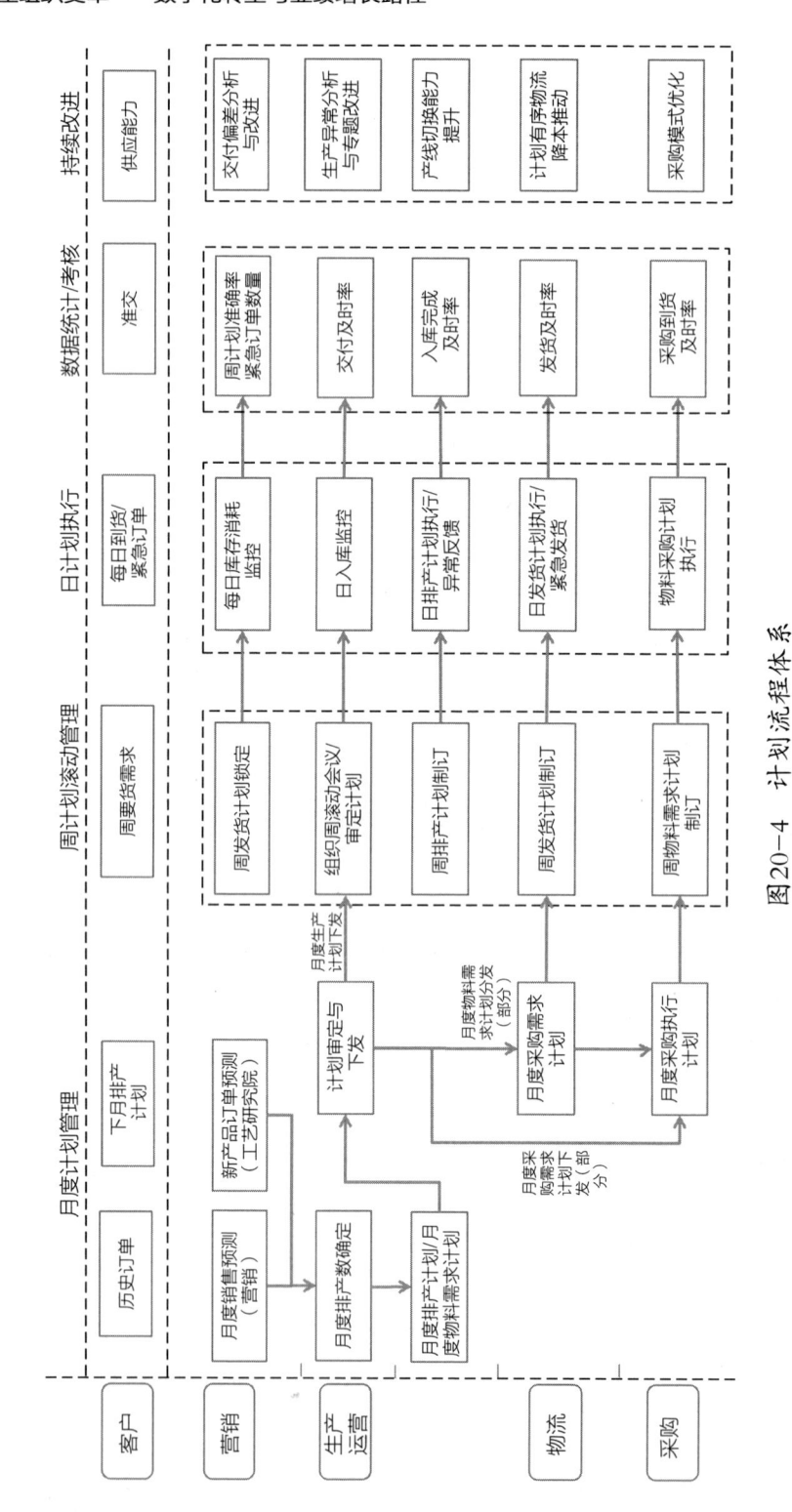

图 20-4 计划流程体系

流程推进了管理责任下沉，每个部门都承担保障客户订单交付的指标，工作绩效用数据说话，杜绝了原先的扯皮推诿。例如，生产单位承担入库完成及时率，物流承担发货及时率，采购承担物料到货及时率，且每个订单执行偏差在哪个环节，因为哪个环节出了问题未能实现准时交付可清晰看到，基于指标偏差实施考核，强化各环节执行力。

流程推进了持续改进，每个环节围绕周度、月度交付偏差进行分析，形成持续改进专题。生产围绕入库计划执行偏差识别了设备保障提升专题，物流围绕紧急订单确立了计划有序物流降本行动，采购也围绕齐套保障优化不同采购周期原材料采购模式。持续改进专项的优化成果纳入下一个周期统计分析，形成了可再现、可测量、可复制、可持续改进的计划运营体系模式。

2. 计划流程数据可视化

计划管理体系基于流程实施数字化系统固化，整体月度销售预测计划逻辑修正固化在ERP系统中，周计划与每日排产计划落地在APS系统中，BOM与采购物料需求计划固化在MES系统中，从ERP—APS—MES系统接口打通，实现信息贯通，固化业务流程。订单执行过程以WMS管理成品入库、物流发货与签收，实现计划数据在线及计划执行状态可视化。

库存数据可视化：在计划管理流程的基础上，强化外库库存管理。通过外库库存管理标准化实现库存数据可视化。库存管理标准化包含入库、出库、盘点操作标准化，体现在标准的操作模板、标准的操作时间、标准的操作岗位、标准的发出商品状态（在途、待上线、可用三种状态）上。库存管理标准化操作步骤包含：外库库管人员每天下午6点前依据入库、出库标准模板提交入库、出库数据。物流部负责库存数据校对，保障库存数据准确，包括校对工厂端发货数据与外库端入库数据、校对外库端出库数据与客户端提货数据。库管人员录入数据和物流部校对数据都在ERP系统中进行操作，ERP系统固化了标准化操作，实现了库存数据可视化。因为库存数据可视、准确，所以制订出的计划准确性更高。

3. 计划组织集成化

通过流程变革牵引组织变革，计划体系牵引整体计划职能集成，从分散的计划职能向集成的计划职能转变，通过计划组织集成化打造以"客户"需求驱动的一体化、精细化订单交付管理。之前分散的计划管理组织如图20-5所示。

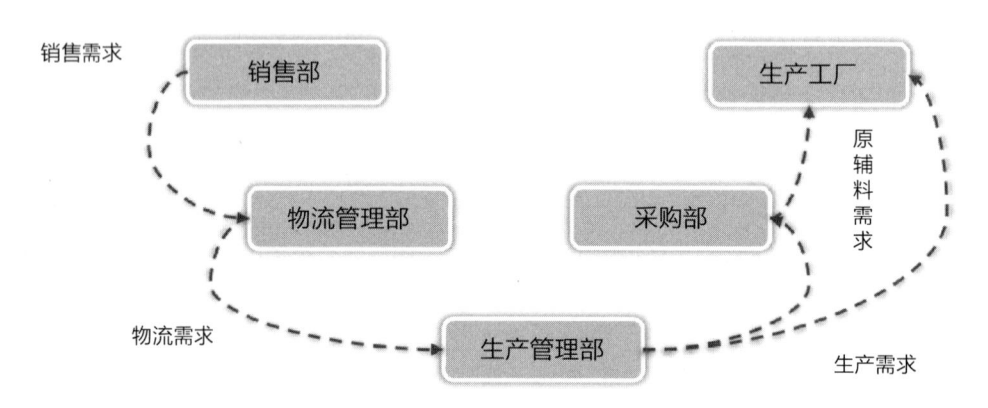

图20-5 之前分散的计划管理组织

由原先分散在销售部、物流管理部、生产管理部、生产工厂、采购部等多个部门的计划职能组织转变为面向客户的一个统一的集成化组织，组织架构集成后归属一致，集成的计划管理组织如图20-6所示。

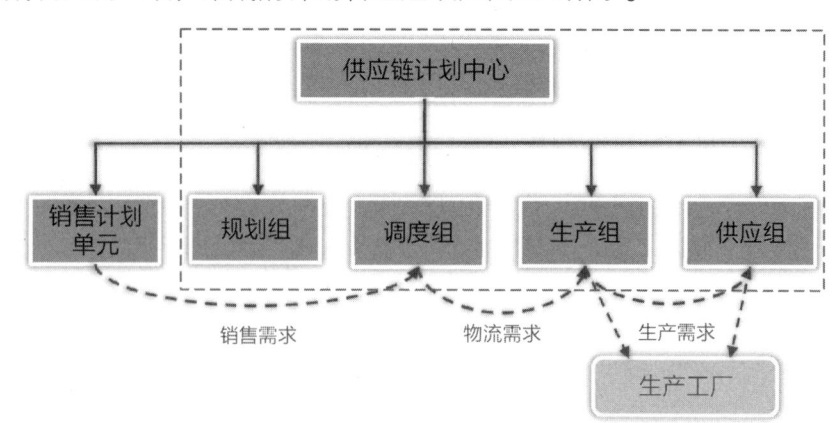

图20-6 集成的计划管理组织

在集成的计划管理组织中设定专人负责各模块计划，部门壁垒消除，共识度大幅提升，产销协同更为流畅。整个集成的计划管理管理组织应用"一套数据",流程无缝衔接,信息传递与共享更为精准、及时。集成的计划管理组织实现分析维度和绩效指标体系标准化,有效支撑业务发展,推动职能能力持续提升,面向客户订单需求提供更稳、更快、更准的极致交付服务。

五、成效:实现订单准交提升

通过计划管理流程变革,实现订单预测准确率和交付及时率提升、成品库存降低,形成以客户为中心的订单交付运作体系。

1. 订单预测准确率和交付及时率提升

月度订单预测准确率从60%提升到70%,订单交付及时率从85%提升到95%,订单预测准确率和交付及时率的提升很大程度源于周计划的变革推行。周计划用时间换取空间,通过更短的计划预测与沟通,提高了订单预测准确率;通过更短的交付计划锁定,摁住了源头,提升了订单交付及时率。周计划锁定下,周四营销部门锁定下周到货计划,周五生产部门制订生产计划,周六营销部门和生产部门共同召开周计划产销协同会,评估供需平衡,推进产销协同落地,周计划确保产品异常情况反映更迅速。营销端订单变更传递至生产部门更迅速,生产、营销线下沟通更密切。在流程将信息拉通的前提下,供应体系的问题也浮出水面,内部团队客观面对,一起合力改善。订单交付及时率的提升也离不开生产体系能力建设支撑。

2. 成品库存降低

基于库存制定原则,强化库存管理,通过计划体系的拉通和库存标准的设定,有效降低成品库存,月度成品库存由原先的3亿元降低为2.52亿元,总体降幅超20%,库存的降低也减少了资金占压,降低了交付成本,并且库存状态全过程可视化管理也降低了内控风险。

3. 形成"以客户为中心"的订单交付运作体系

流程是以客户为中心的,很多公司都喊着以客户为中心的口号,如何以客户为中心运作却不得其法。计划管理流程变革通过流程贯通、组织联动、偏差纠正、考核落实，形成了以客户为中心的订单交付运作体系，具体如图20-7所示。

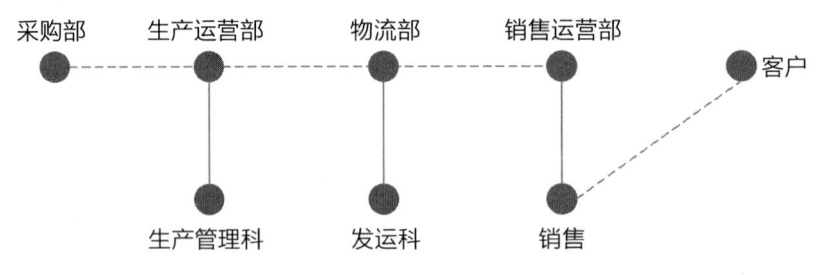

图20-7　以客户为中心的订单交付运作体系

- 流程贯通：在计划管理部的牵引下，客户要货计划、发货计划、入库计划、物料需求计划实现横向拉通。指导采购、生产、物流等各个部门的交付工作开展，每个环节都感受到客户的交付压力。下游是上游的客户，每个下游关注上游计划完成率和及时性，实现组织"以客户为中心"运作。

- 组织联动：生产运营贯穿工厂生产管理科，物流贯穿工厂发运科，组织纵向一体化支撑和赋能，围绕关键瓶颈推进持续改进，纵向贯穿，围绕计划一体化运作，形成计划制订和计划执行的管理闭环。

- 偏差纠正：偏差快速可见，围绕订单执行偏差，每日纠偏，每日追踪原因（是业务原因、生产原因还是物流原因），每日进行反馈，每日快速迭代与迅速反应。

- 考核落实：整体围绕客户订单交付及时率指标，分解为要货计划准确率、发货计划执行率、入库计划完成率、原料到货计划完成率。供应链的每个环节都感受到来自客户的压力，每个部门都围绕客户交付积极"动起来"：物流"动起来"、生产"动起来"、采购"动起来"。

总体上供应链基于计划集成形成一体化运作体系，实现供应链集成，实现整体产销协同提升，实现信息协同、流程协同、计划协同、机制协同、执行协同，提升整体供应交付能力，实现订单交付全过程可视化、可测量、可追溯、可复制、可持续改进。

第二十一章

"内控合规"
合同流程变革

"做标准,抓数据,通流程,控风险,流程反映业务本质,促进内控合规。"

一、背景：租地业务内控风险大

M是国内农牧行业龙头企业，因为行业周期带来高速发展机会，公司业绩突飞猛进。为了进一步抢抓机会，公司决定快速进行规模扩张。农牧行业中的生猪养殖是重资产投入，产能规模扩张首先要建设猪场，建设猪场首先要进行土地租赁。公司通过土地租赁合同与土地所有方发生租赁关系。租地业务耗费资金金额大，总体成本高，同时内控风险也较大。公司查处多项内控问题，为控制风险实施层层加码的审批，但是效果并不好，问题具体表现在以下方面。

1. 审计查处问题多

鉴于租地业务的投入资金多、内控风险大，审计部门将其纳入重点审计范围，对租地业务进行审计，审计发现的内控问题频发。具体内控问题包含租赁的地块出现实际面积低于合同约定租赁面积，同类性质地块租赁单价差异较大。甚至因为内控问题导致的单个租赁合同租金差异少则几十万元，多则上百万元。审计查处问题占比高，产生的资金损失大，存在巨大的内控风险。审计查出问题后公司内部进行处罚，但审计毕竟是事后的行为，这样仅能挽回部分损失，业务风险防控不得其法。

2. 合同条款法务风险大

租地合同标准化差，合同条款"千人千面"，甚至个人可进行合同条款修改。部分合同条款中对于土地所有方的承诺给公司带来巨大法务风险。合同缺乏封装，过程版本缺乏管理，且存在线下篡改风险，由此带来管理难度和法务风险。某租地业务人员与土地所有方发生纠纷后，双方对簿公堂，双方拿出的签署合同版本竟然不一致，最终导致公司赔偿大额资金。

3. 合同审批加码也难控风险

为了规避业务风险，公司考虑通过增加审批来进行控制。签订租赁合同"层层加码"进行审批，从租地业务发生的分公司审批到片区，从片区审批到集团。总共审批的岗位超过10人以上，包括发展经理、分公司法务、分公司财务、分公司总经理、片区发展负责人、片区总经理、片区董事长、集团财务、中心副总裁、中心总裁。加码审批降低了业务效率，审批节点多导致流程效率降低，这与快速抢抓优质土地资源矛盾。基层认为什么都是集团定，自己没有权力也没有责任。审批未能起到控制租地风险的作用。高层领导并不清楚租地细节，在审批流程中因为看到前面的人都审批了，也不仔细看就审批通过。采用多人审批，内控问题照样频繁。从内控问题追溯审批责任，从上到下一大批领导都在审批人之中，想要人人有责，实际人人无责。

二、根因分析：缺乏合同标准化

租地业务人员通过合同与土地所有方发生交易关系，内控问题、法务风险、审批效率等都因为合同标准化不足导致。因为租赁合同承载着租地单价、租地面积、租金、付款方式、争议条款等合作关键要素。这些关键要素能管控好，租赁业务就能管控好，租地业务的效率和质量就能提升，内控风险也能得到事前控制。对租地合同进行深入分析，发现合同标准化主要涉及租地单价标准化、租地面积真实化、合同模板标准化三个方面。合同问题影响与原因如表21-1所示。

表21-1　合同问题影响与原因

问　题	问题影响	问题原因
租地单价标准化不足	租地单价缺乏标准化，导致租地业务人员存在寻租空间，可自行与土地所有方确定租地单价，通过单价审批控制单价合理性，缺乏标准，难以控制，人为操作空间大，内控风险大	未分区域、分土地性质进行土地单价标准化，未能通过单价标准化指导租地业务展开
租地面积真实性不足	合同流程人填写租地面积数据，数据真实性存疑，业务风险大，存在较大人为操作空间。租地面积的真实性未能得到保障，影响土地租赁价格，存在较大内控风险	选址、测绘、总平等数据质量未能由设计人员把控，却需要设计人员对数据真实性、准确性负责

续表

问 题	问题影响	问题原因
合同模板标准化不足	借用或传阅多版本合同模板，合同质量不高，难得到组织保障，业务高速发展，人员水平参差不齐，财务、法务风险大。合同质量依赖事后审批把关，合同审批效率低，难控制质量，合同审批需要通篇查阅合同内容，导致漏审、错审风险较大	合同模板未归一梳理、统一标准，合同模板未进行结构层次划分，关键要素未进行提炼，合同数据质量应通过前置管控，而非最终审核

1. 租地单价标准化不足

因为缺乏租地单价标准化，业务人员自行协商租地单价，人为操作空间大，带来内控风险，且缺乏参考标准和管理基准，带来管理难度。应该分区域、分土地性质（荒山荒坡、一般农田、消纳用地）对租地单价进行标准化，参考市场行情和竞争需要，定位土地租赁单价，形成公司统一租赁单价标准。这样可规避个人寻租空间，以及单价带量的内控风险。在实际租地过程中，如果单价能谈下来就按单价签订，单价谈不下来就进行特批，特批时进行原因说明，提前锁定租赁单价。

2. 租地面积真实性不足

因为租地面积的真实性不足，租地面积存在操作空间，带来内控风险。租地面积作为关键数据产生于流程中，流程应反映业务本质。租地面积不是人为圈定的，不是租地业务人员与土地所有方商定的，而是在前期设计流程中由公司技术人员选址、策划后进行总平图的规划通过图纸确定的。面积的真实性应该是设计流程总平图的输出，实际租地必须按照设计流程总平图的面积执行，通过租地流程与设计流程拉通，系统锁定租地面积的真实性，系统封装租地面积，规避人为干预，杜绝租地面积带来的内控风险。

3. 合同模板标准化不足

合同缺乏标准化导致合同版本多，合同模板、合同条款因人而异，个性化的合同条款法律风险大。合同通用条款、争议处罚条款未进行标准化，也未进行系统固化，人为可以起草和篡改，甚至出现签订了合同后还进行篡改，再拿去盖章的情况。合同一般性条款应该在数字化系统中结构化、标准化、系统固化，签订合同时在数字化系统中进行模板调用，系统中签订和存档。规避合同条款带来的法务纠纷，杜绝人为篡改的行为，规避合同条款带来的内控风险。

三、对策：合同流程回归业务本质

流程是业务本质的最真实反映，业务流是客观存在的，端到端是流程的天然属性。合同管理流程需回归租地业务的本质，将租地业务的本质最真实地反映出来。租地业务的本质是前期通过设计人员的策划进行前期选址、测绘、设计总平图规划、确定租赁地块面积，然后由租地业务人员与土地所有方基于租赁单价进行合同洽谈，然后生成合同。合同是通过业务发展自然生成的，而不是人为起草编制的，流程对业务进行回归，这样的流程才高效、简单、内控合规。基于对业务本质的回归，合同管理流程以标准为基石，以数据为抓手，以拉通为导向，以系统封装为目标，全面改进租地业务质量、提升业务效率、规避内控风险。合同管理推行做标准、抓数据、通流程三大策略，如图21-1所示。

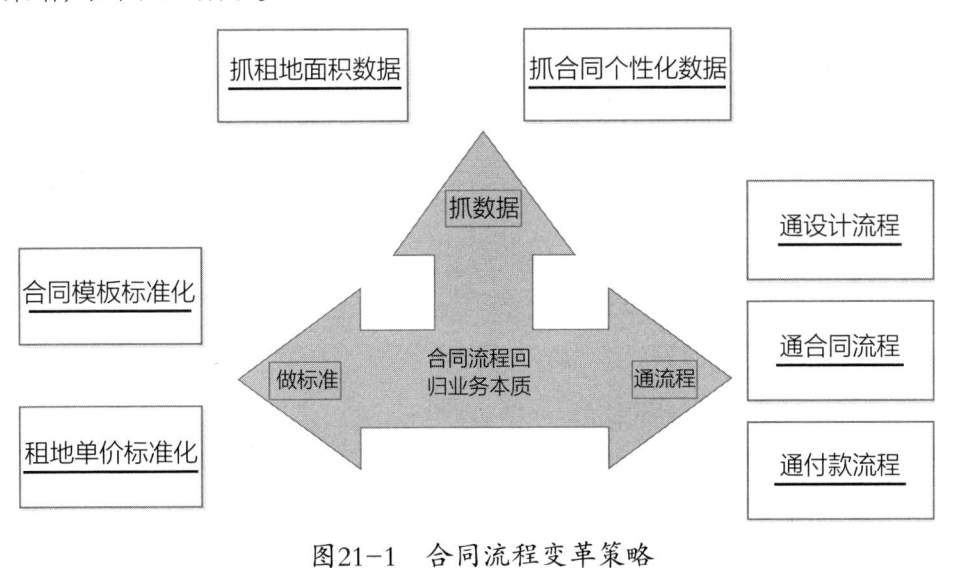

图21-1 合同流程变革策略

1. 做标准

做标准包含租地单价标准化和合同模板标准化两个方面。通过分区域、分土地性质建立租地单价标准，统一租金单价变量。通过结构化分层合同模板，识别合同固定标准化条款、个性化定制条款，对个性化条款进行结构化整理，形成标准合同模板。签订合同时实现标准化条款+个性化定制条款的组合，并且对个性化定制条款进行标识。

2. 抓数据

抓数据包含抓租地面积数据和抓合同个性化数据。租地面积数据在设计流程输出后进行专业审核，专业审核对租地面积影响要素进行把控，并对租地的土地甲方信息、用地性质、用地用途等关键数据质量进行把控，实现租地面积数据准确性提升。合同个性化数据包含合同租金超出标准租地单价、个性化定制合同条款等，将合同审批过程进行上移，重点把关和控制风险。

3. 通流程

实现设计流程、合同流程、付款流程三个流程贯通，流程贯通背后是数据拉通，拉通租地面积、租地单价、合同金额、付款条件、付款金额等数据，并且应用数字化系统封装。具体措施为：①通设计流程，租地面积由设计人员审核通过后经系统封装，写入合同中，规避个人操作带来的风险；②通合同流程，拉通合同流程与设计流程，在流程拉通的前提下去除合同过多的审批节点，实现业务责任下沉，为业务提效；③通付款流程，实现资金付款系统封装，依据付款条件自动发起付款流程，不是人为发起，这样杜绝了财务资金风险，保障了资金安全。

四、实施：合同流程标准化变革推进

1. 做标准：合同模板标准化+租地单价标准化

（1）合同模板标准化。对合同模板进行结构化分层，区分合同个性化要素和固定条款，对个性化要素和固定条款分别进行结构化整理，合同模板标准化过程的重点与难点在于对不同类型的合同进行整理，合同条款进行归一。标准化推进是相对的，不是绝对的。合同的质量要依靠标准化支撑，如果没有合同条款的标准化，合同的质量就难得到保障。标准化是合同洽谈与签订的"约束"，相当于"画了一个圈"，在这个划定的圈里，合同的输出"再差也差不到哪里去"。如果没有划定的这个圈，业务质量将依赖业务人员的个人能力、知识、经验、态度，无法得到组织级的保障。合同条款固化后可规避合同法务风险，促进内控合规，有力支撑合同的质量提升。

在合同签订过程中，业务人员只需在系统中调用标准合同模板，填写合同关系要素，提交后自动生成合同，大幅简化了业务人员的操作。具体合同签订操作步骤如图21-2所示。

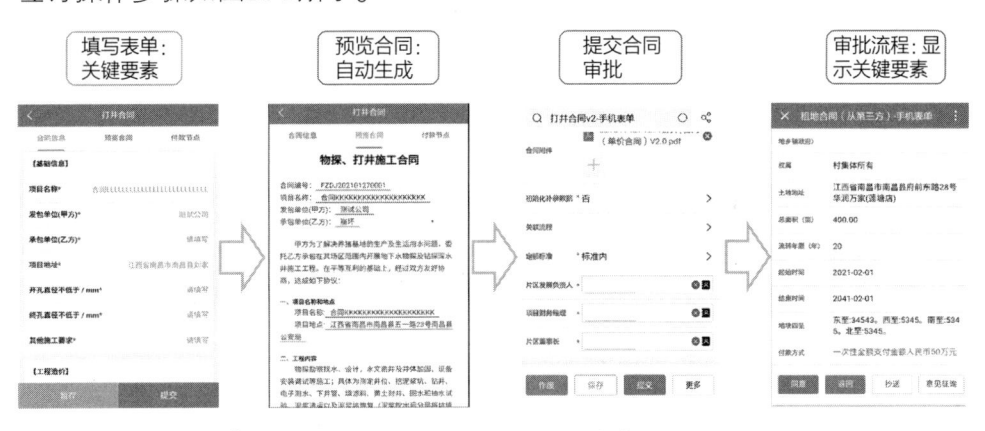

图21-2 合同签订操作步骤

在合同审批过程中，因为关键通用条款已经固化，通用条款在审批过程不需要再审核，只需审核单价、面积、个性化条款即可，简化了审核工作，降低了审核难度。合同签订后在系统中封装存档，线下篡改的风险被杜绝，规避了内控风险，并且系统实现了合同版本管理，保障了签订合同版本的唯一性，让事后追溯成为可能。

（2）租地单价标准化。因为租地单价缺乏标准化，租地业务人员在报价时进行"瞒报、谎报、多报"，内部出现"徇私舞弊"。在建立标准前，内部通过"繁重的审批"来控制风险。提交合同后逐级审批直至总裁，领导审批负担重，缺乏审批评判依据，审批节点多、效率低，事后审批并未有效控制风险。通过建立租地单价标准促进内控合规。

租地单价标准化让管理例外成为可能，租地单价标准设定也相当于"划定一个圈"，在圈内的就是"例行"，在圈外的就是"例外"。通过标准界定例行和例外，让管理就有了针对性，例行可简化管理，例外可进行分析审核是否继续推进该业务。租金单价标准设定如表21-2所示。

表21-2 租金单价标准设定

单位：元/亩/年

土地类型	江西	福建	广东	广西	河南	湖北	湖南	华北	川渝	四川	江苏	安徽	海南	粤西	云南	贵州
荒山荒坡	100	100	600	800	700	400	150	800	300	300	500	800	550	650	500	500
一般农田	200	200	1 000	1 200	1 200	700	300	1 200	500	600	1 200	1 200	900	1 000	800	800
消纳用地	50	60	600	800	400	600	100	800	250	400	1 000	1 000	50	50	600	600

租金单价标准设定也让授权成为可能，例行简化管理后就可以下放权力，在租地单价范围内的，一线业务单元即可决策，例外的再上移到集团进行审批。很多公司没有解决好授权的问题，其实背后是缺乏流程和标准。授权到一线业务单元导致"权力被滥用，上面管不住"，集权到高层导致"一线作战单元被束缚，丧失作战的灵活性，组织缺乏活力"，管理上陷入"一放就乱、一管就死"的窘境。标准让授权成了可能，授权也促进了业务效率，释放了组织活力。

2. 抓数据：抓租地面积数据+抓合同个性化数据

（1）抓租地面积数据。租地面积和租地单价最终决定租金。租地单价已经标准化，接下来就是控制租地面积数据，租地面积因设计规划而确定，在设计流程中自然产生。合同中地块边界、地块面积在总平图设计完成之后立即进行审核，租地面积由设计相关的技术专家实施专业审核而非行政审核。租金价格等信息在前期项目立项报告时审核确定，合同签订时将相同信息直接带出。数据在哪里产生在哪里进行把关控制，数据存在风险时在数据产生阶段及时纠正,避免将过多信息放在同一阶段审核。合同关键数据在数据产生的业务活动中及时审核确认,业务活动的数据上移IT系统,确定主数据,数据产生及时把关而非事后审批,这样租地业务的质量才能得到控制。在数字化系统中租金生成逻辑如图21-3所示。

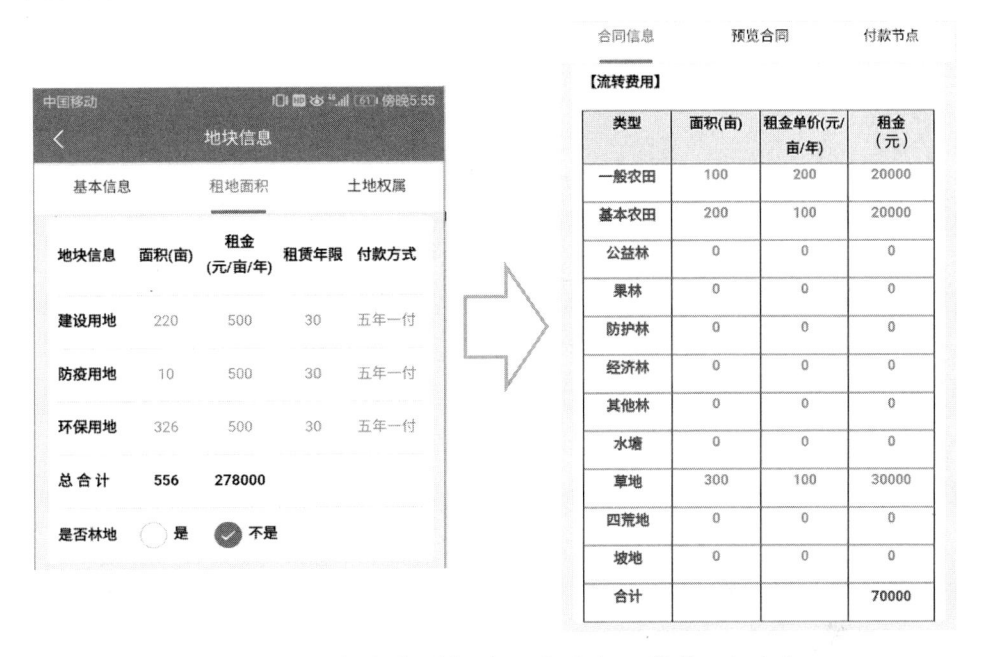

类型	面积(亩)	租金单价(元/亩/年)	租金(元)
一般农田	100	200	20000
基本农田	200	100	20000
公益林	0	0	0
果林	0	0	0
防护林	0	0	0
经济林	0	0	0
其他林	0	0	0
水塘	0	0	0
草地	300	100	30000
四荒地			
坡地	0		
合计			70000

图21-3 租金生成逻辑(租地面积×单价=租金)

租地单价固化到数字化系统中,选定土地类型和省份,系统就会推出标准单价,符合标准单价,乘以租地面积自动得出合同总价,在标准单价内直接发起流程审批,流程在分公司结束,不需要到集团总部,审批流程简化,释放了高层的精力。超出标准单价,需上报至集团进行审批,并且重点说明超出标准单价的原因,租地业务效率、风控得到明显提升。

(2)抓合同个性化数据,个性化数据指超出租地标准单价、个性化的土地租赁条款,将这些不在标准范围内的合同单独提取出来,单独进行例外的审批,确认不在标准范围内的原因,实施针对性管理,一事一议,明确审批结论。

3. 通流程：通设计流程+通合同流程+通付款流程

（1）通设计流程。流程拉通就是数据拉通，数字化系统拉通设计流程输出的租地面积数据，租地面积数据在设计流程中进行专业审核确认，增加对选址立项、用地性质、用地用途数据、测绘—面积数据的前置审核。在数据产生点进行审核，从源头上控制数据质量，保障租地面积数据的真实性。合同自动生成，简化合同审批节点，提升数据质量，提高业务效率。

（2）通合同流程。变革前的合同审批流程为BPM发起合同申请并完成审批，在合同管理系统中补录合同信息、关联合同流程。变革前的流程节点与逻辑如图21-4所示。

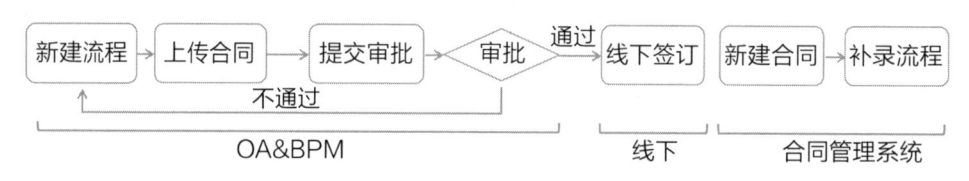

新建流程 → 上传合同 → 提交审批 → 审批 —通过→ 线下签订 | 新建合同 → 补录流程
　　　　　　　　　　　　　　不通过
　　　　OA&BPM　　　　　　　　　　　　　　线下　　　合同管理系统

图21-4　变革前的流程节点与逻辑

变革后的合同审批流程为合同用户填写表单，系统根据模板和填写内容自动生成表单，线上完成审批，用户下载、打印并签订合同。线上应用电子签章盖章，合同与印章流程无缝衔接。变革后的流程节点与逻辑如图21-5所示。

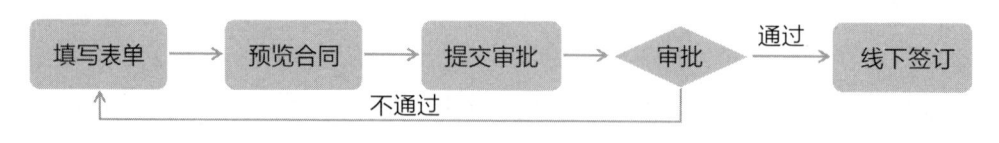

填写表单 → 预览合同 → 提交审批 → 审批 —通过→ 线下签订
　　　　　　　　　　　不通过

合同管理系统

图21-5　变革后的流程节点与逻辑

（3）通付款流程。合同与付款流程拉通，合同付款条款标准化，依据合同的付款条款付款。达成标准付款条款后自动触发付款信息，实现付款自动化，并且应用数字化系统封装，规避人为操作。通过集成付款申请与在线支付系统，实现付款流程线上管理，自动生成付款台账，便于记录追查，封装付款条款，控制资金支付安全，规避内控风险。

五、合同管理流程变革成效

合同管理流程变革通过流程反映业务本质，通过做标准、抓数据、通流程全面实现业务改进与提升，促进内控合规。整体上租地业务效率、质量得到提高，内控风险得到明显控制，有序支撑业务发展。

1. 合同签订效率：提升一倍以上

流程变革前：合同正文为租地业务人员输出的Word文档，为防止法律条款被修改、填写不规范的情况，需对合同进行严格审批，人为审批时间长且易出错，审批效率低，存在漏审风险。合同从发起到签订耗时平均2周左右。

流程变革后：合同模板为统一标准，租地业务人员只填写项目个性化信息，不用人为起草合同，直接调用系统合同模板，管理层只需对项目关键信息进行审批，审批时间缩短90%，出错率降低70%。合同从发起到签订耗时平均3天左右，整体合同签订效率提升一倍以上。

2. 内控风险：大幅促进内控合规

流程变革前：通过线下Word文档模板填写，填写信息定义不明确、版本多、模板管理乱，业务人员不会填写或乱填写，合同编制随意性较大。合同模板标准法律条款可随意更改、删除，存在租地业务人员与对方约定不平等条款现象，容易滋生腐败和利益串通，带来经济损失。租地面积、租地单价等信息人为确定，业务风险与财务内控风险大。

流程变革后：业务按系统表单填写，系统自动核验填写信息的规范性，合同模板固化到数字化系统中，系统实现统一管理，后台配置标准模板，合同自动生成。租地业务人员只允许填写项目差异化信息，不允许修改、删除合同的标准条款，规避法务风险。租地单价标准化规避人为操作空间，租地面积数据系统封装规避内控风险。付款由人为发起变更变为达到付款条款后系统自动触发，实现系统封装，促进资金安全。

3. 管理提升：数据赋能业务

流程变革前：通过OA流程发起，无法与项目信息关联，无法进行项目合同档案管理，不便于数据统计及事后追查。数据混乱，缺乏提取、分析，租地业务过程可视化程度低，出了问题再对实施"救火"，通过事后审计进行追责，业务内控风险大，资金损失大。

流程变革后：在数字化系统内完成所有操作，合同信息与项目关联，形成合同业务信息各类报表，形成数据资产。通过对数据资产的分析、挖掘、扩展，洞察业务问题，促进管理提升。通过租地单价数据分析，实时掌握价格动态与各区域价格偏差，促进租地标准单价优化与租地综合成本下降，实现业务发展与成本控制平衡。通过租地面积数据分析，实时管理业务完成状态与执行情况，管理业务人员绩效，实施前置预警，管理整体目标达成。通过分析潜在地块、已租地块、已付资金数据，有效储备资金计划，促进经营健康度提升。通过合同个性化条款报表分析与租地单价差异性分析，有效管理业务风险，杜绝人为寻租，支撑业务决策，促进合规操作，规避内控风险。

第二十二章

"组织激活"
审批授权变革

"先要上面放开手,鼓励下面放手干。"

一、背景：审批流杂、多、散、断

Y是国内食品行业的龙头企业，年产值超过千亿元。经过多年积累，形成从田园到餐桌的产业链的一体化运作。伴随规模发展，组织形态形成集团—事业部—片区—分公司的组织运作模式，管理滞后问题凸显。集团管控模式定位不清晰，缺乏授权管理指导原则，授权审批呈现杂、多、散、断等特点。

1. 审批授权杂

将审批授权做成记事本，审批条件过度细分，缺乏流程的抽象与归一，"一件事情就在系统上生成一个审批流"。总体上来说，审批呈现事务性琐碎，审批流杂乱无章。以人资、财务、行政、采购四大业务域为例，审批流共计339项，审批授权杂导致授权不清、管控不明、治理混乱，审批流维护与应用成本高。审批流应代表一类具有共性的事情，而不是一件事情。

2. 审批流程多

70%以上的审批流节点在7个以上，参与审批的人到底审核什么不明确。高层过度集权，由审批授权统计表统计的CEO审批超过100项。加签文化下人人有责，也导致人人无责。审批流于形式，管理责任无人承担。整体上无效授权多，业务效率低。做什么琐碎事情都要进行审批，甚至杂项管理、文件借阅、文件下载、文件废止、商务接待管理等都需要进行审批。

3. 审批分类散

审批分类条件过细，整体审批授权散，以印章管理为例，依据文件类型为条件划分盖章审批流，划分完成后盖章申请有近30条审批流。采购审批授权也存在同样的问题，采购授权从物料属性、物料金额两个维度进行分类，导致仅采购申请审批流就有近30项。审批分类散也导致数量多，缺乏对业务场景的归类。

4. 业务流程断

审批流也将业务流程切断，各部门都在执行自行设定的片段式审批流，审批通过后"各自为战"，业务流程"断点"导致业务问题频发。以采购为例，采购需求评估会审批，采购谈判会审批，采购合同会审批，采购合同盖章会审批，采购验收会审批，不同部门、不同岗位审批自己那一段审批流，未放到整体采购全局来管控。过多的审批流与审批节点让业务不断纵向爬坡、反向溯源、回流，业务流程被段到段割裂，而非端到端拉通。

二、影响：效率低下且组织智障

因为审批授权杂、多、散、断的问题，对业务运行造成负面影响，具体表现为业务运行效率低、责任下沉难、组织活力缺。

1. 业务运行效率低

审批流与审批节点多，业务流程断点，导致业务运行效率低。每个审批流发起之后需要完成一连串的审批，在征询领导同意后，才能推进下一步业务活动。审批都是事后发起的，缺乏前置的业务活动质量控制，业务质量难保证，事后审批而非事前做对。以公司的"一次漫长的计算机采购之旅"为例，业务运行效率低可见一斑。

公司数字化部门采购计算机，如果选择公司库内已有计算机型号与固定供应商，预计一个月内可以买到计算机。因为已有计算机型号配置不能满足数字化部门需求，所以数字化部门软件工程师只能自行在京东商城进行采购。因为京东采购不对公，会存在个人资金垫付问题，垫付之后再走报销流程。从计算机采购到报销全流程周期预计1.5个月以上，具体通过七步完成漫长的计算机采购之旅。

- 第一步：计算机采购申请。在公司OA系统里面提交OA采购申请，进行申请审批。
- 第二步：在京东下单。计算机采购申请审批通过后，在京东下单，下单之后第二天到货，京东提供发票。
- 第三步：采购信息传递。采购人员提供京东订单截图与发票给行政人员。

- 第四步：采购过程审批。行政人员在公司OA系统走固定资产采购流程报销，分别发起物流审批流程、到货验收审批流程、发票审批流程，审核采购过程的真实性。每个审批流都要发起，完成审批预计耗时3周。

- 第五步：供应商订单创建。因为要系统出款，还需在系统中创建订单。OA审批完成后，首先在SRM（Supplier Relationship Management）系统中创建采购计算机物料信息，在SRM系统维护物料编码、价格信息、规格型号。每下一个订单，都需要进行个性化的新增，然后进行订单创建。如果是已录入系统的供应商，就由供应商发起发货，如果是新的供应商，则首先需要录入系统。

- 第六步：系统到货验收。京东下单采购物料是自己扮演供应商，自己发货，自己进行收货，OA系统再进行到货验收。

- 第七步：对账付款。发起对账、发票、付款申请三个审批流程，最后付款申请审批通过后，经过SRM和ERP系统的信息传输，个人扮演供应商，个人收到计算机采购款，流程完毕。

从漫长的计算机采购之旅可见，公司业务运行效率低，质量难保障，内控风险大。其实，这一切都是繁杂、散乱的审批流导致的。

- 业务效率方面：计算机采购到付款端到端时间1.5个月以上，业务流程效率低、周期长。效率低一方面源自非增值冗余活动多（物料数据和供应商数据维护、下单、收货与验收、对账等），另一方面源自过程段到段割裂式的审批节点多。

- 业务质量方面：质量难得到保障。计算机从采购到付款，端到端关键控制点在于采购需求真实性、供应商匹配、价格确定、待采品质量，这些活动应该在事前用流程活动保障，并且实施系统封装，而非事后审批确认。

- 内控风险方面：自导自演风险大。员工扮演供应商，付款给内部员工，然后线下人为进行资金支付，这也存在重大财务风险，并且采购供应商人为入库行为也存在内控风险。

2. 责任下沉难

审批流程是"对领导呈报，对组织层级负责"，而不是"对客户负责"；是"管理中心化"，而不是"以客户为中心"，没人对最终的客户交付负责。审批流背后的假设是"征询领导同意"，是纵向组织层级逐级缓慢地"审批"，审批未完成前业务执行层处于"待命"状态。审批节点多，加签文化下人人有责就是人人无责。

参与审批的角色到底审什么？承担什么责任？这些都不够明确。整体的审批流于形式，"反正大家都批了，反正领导都同意了，反正是上面定的。"责任也无人承担。责任和权力是浑然一体的，有责无权将堕怠，有权无责将腐败。在具备权力的前提下承担责任，出了问题可进行"追责"，而不是组织普遍的中基层"缺钙"。

因为缺乏授权原则与组织定位，从集团—事业部—片区—分公司的各级组织来看，哪些权力放下去？哪些权力收上来？哪些职能需要集约？集团管控与转型下如何进行组织定位？哪些是条线管控？哪些需要拧麻花？人权、事权、财权如何定位？这一系列治理管控问题都未得到清晰的回答。

3. 组织活力缺

因为缺乏明确的工作边界和授权系统，公司的组织管理体系没有能够充分调动和激发全员，尤其是各级干部的主观能动性、工作热情、创造力和责任心，具体表现在以下方面。

- 管理中出现了明显越位，高层被事务性细节缠身，上面经常做了下面该做的事情，上面该做的事情却没有做好。
- "反正都是领导批的，反正都是上面定的"，在这样的组织行为假设下，各级组织缺乏统筹与思考，用事务上的勤奋掩盖战略上的懒惰，用盲动来代替执行力。

- 以会议和审批代替管理，消耗了大量的时间，产生了大量的无效劳动，却没有实现运营系统的闭环管理和业务主航道的全链条贯通，导致很多事情耗费了时间和资源，却没有结果和收益。

围绕这一系列问题，公司决定改正错误，而且从集团总部改起，从上往下改，一层做给一层看，上面做给下面看。相信每个人都是能量体，通过授权体系变革，充分激发和调动每个干部的主观能动性。

三、对策：先要上面放开手，鼓励下面放手干

公司决定推行授权体系变革，从明确授权原则、厘清授权标准、简化授权审批流三个方面深度推进。"先要上面放开手，鼓励下面放手干"是变革指导思想。重塑组织定位，通过上面支持下面、职能支持业务、后台支持前台激发组织活力，通过权力下放实现责任下沉，通过数据上移实现风控上移，通过审批流简化和业务流程拉通实现效率提升。

1. 明确授权原则

- 责权对等原则：战略问题是集团指挥事业部，战术、战役问题是前方指挥后方。战略统筹、共性流程与标准、统一政策制定的权限归总部。事业部、片区、分公司承接经营目标，承担经营责任，具备经营自主权。业务作战决策权与日常管理权归业务单元，专业类事务权根据重要程度确定专业职能条线授权等级。组织管控模式从充分自治向战略引领、平台赋能、职能协同过渡转型。

- 分层分级原则：授权服从于自上而下的"集团—事业部—片区—分公司"的组织层级和权力路线。进行分层分级授权，通过流程、标准、规则的建立支撑行权有度，推进业务有序，实现业务效率与风险平衡，避免"一管就死、一死就放、一放就乱、乱了再收"的恶性循环，导向"责权匹配、收放自如、动态均衡"。

- 授权下放原则：日常运营类权限授权下放至各经营单元，审批简化提升业务效率，拉通业务流程提升业务质量。要求授权审批流一个审批节点在一个工作日完成签批。日常运营类的流程原则上不超过4个签批控制点，超过4个签批控制点的审批流倡导自主改善，尽量压缩审批节点，提升运营效率，推动责任下沉。
- 归一整合原则：审批流设定需参考流程框架的层次结构，审批流是端到端业务流程中的关键控制点、关键决策点。审批事项需在流程场景中端到端思考，做好审批流的前提是对场景进行归纳和统一。杜绝审批授权陷入事务性琐碎，审批流条件过度细分。流程是一类共性业务的最佳管理方式，需进行审批流的归一、整合，实现流程的共用，推进管理的简化。

2. 厘清授权标准

- 厘清审批授权四类权限标准：依据审批节点，明确审批授权四类权限，不同类型权限代表不同内涵。权限类型包含提案、审核、会签、审批，具体如表22-1所示。

表22-1　权限类型及说明

权限类型	说　明
提案	审批流程发起人提交业务审批事项业务活动的输出
审核	对提案输出成果进行核准和校正，核准审批事项的真实性、合规性、输出成果的质量，并核准提案人输出是否在标准或制度规定范围内，是否符合流程规定
会签	代表具备知情、协商建议权，通常审批事项需要相关部门会签，会签一般不具备退回权限，但可以提出意见，让提案人修订输出，多人会签可实施并签处理，压缩流程时间
审批	决策权，相关领导对审批事务的合理性或必要性进行批准

- 厘清审批决策标准：重点围绕业务板块厘清总部管控的权限，明确总部职能定位，审批决策标准如表22-2所示。集团总部决策范围内的必须上移到集团总部，不在集团总部授权范围内的由事业部制定授权

表，事业部决定权限是否下放到片区、分公司。

表22-2 审批决策标准

业务域	业务场景
战略	中长期战略规划、事业部经营目标设定与经营计划制订、职能总部管理方案制订、变革项目立项与绩效评价、高管绩效目标设定及考核、组织绩效考核
营销	年度销售预测、统一的销售政策调整、营销模式变革、产品布局组合策略调整、年销售收入500万元以上经销商开户/闭户、50万元以上存货报废
研发	产品规划、品牌年度策略规划、年度整合营销方案规划、季度整合营销方案、新产品开发立项决策
供应链	年度产能规划、季度订单重大调整15%以上、200万元以上采购合同、800万元金额以上或3年以上采购合作框架协议签订
人力	人力资源规划，组织架构设置与调整，干部人事任命，高级经理级人员入、进、调、离、晋升，总部高管及一级部门负责人绩效管理，年度薪酬、绩效管理制度的制定，年度薪酬调整，专项激励方案制定
财务	年度预算制定或变更、公司投资决策、300万元以上资金支付、300万元以上费用申请、50万元以上固定资产处置、内部公司交易价—产品预算价、关联方交易合同

3. 简化授权审批流

在厘清授权标准和原则的基础上，推进审批授权的简化，具体通过删除、归并、压缩、拉通、审视五步展开。

- 第一步删除，删除无效冗余授权项。直接删除明显无效授权项（如文件类、接待类），其次统计审批授权应用现状，对于2个月以上未用的直接删除（部分核心项除外），对于2个月内应用次数为个位数的进行评估，讨论是否直接删除或归并。

- 第二步归并，授权项归并整合。对现有一事一议项、审批过度细分项进行归并，包含整体划分归并和条件归并，大幅压缩整体授权数量，评估条件划分的必要性。例如，盖公章授权没必要细分近30项审批流，审批授权不是"记事本"，而是端到端场景中权力分配规则。

- 第三步压缩，压缩审批层级。减少审批节点数量，推进责任下沉，从"到底审什么"出发评估现有审批节点并进行简化。例如，从总部、事业部、片区到分公司，明确授权层次。哪些需要集团条线管控？哪些需要充分向经营单元授权？对审批超过4人以上的进行重点分析，大幅砍掉冗余的审批节点，提升效率和压实责任。

- 第四步拉通，端到端拉通评估。业务流程端到端拉通评估，审批授权合理性，全链路审批集成评估，关注端到端节点的责任落实、效率、质量、风险，综合评估审批节点与授权分配，一体化全面审视，端到端拉通评估优化点。

- 第五步审视，授权总体分布审视。对总体各职位层级的最终审批的流程数量进行统计并审视和优化。审批权限分布可参考以下比例：决策者10%、分管领导层20%、部门中层管理者40%、业务专业类30%。

4. 建立审批授权管理机制

- 审批授权管理归口：明确审批授权管理归口，实施统筹管理。集团层面管理归口为集团流程管理部，集团流程管理部负责审批授权的优化、版本维护、IT系统固化管理；事业部审批授权归口为事业部流程管理，审批授权分类对应流程架构，细分责任与公司流程责任人相对应。

- 审批授权版本管理要求：明确版本管理要求，让审批授权不能随意调整，推进过程修订的严肃性，保障版本的一致性。战略调整、组织架构优化、内控合规、干部任命都可能导致审批授权调整修订。审批授权调整修订需根据以下审批流报批后实施，已授权事业部的权限，由事业部内部进行修订调整，事业部总经理批准。事业部流程管理职能备案集团流程管理部。审批授权管理流程如表22-3所示。

表22-3 审批授权管理流程

审批流	部门流程BP	部门负责人	职能/事业部总经理	集团流程总监	CEO
集团审批授权签批	提出	审核①	审核②	审核	批准
事业部审批授权签批	提出	审核	批准	备案	—

- 审批授权系统调整需求：总体审批授权版本统一调整和变更由集团流程管理部汇总需求，提交数字化部进行系统调整，数字化部接收需求后进行调整。日常零星审批流调整需求依据数字化系统审批流进行提交，数字化系统审批流设定和调整需经过集团流程管理部，事业部审批流调整需备案集团流程管理部。数字化部负责系统审批流调整到位，并且保持系统设定审批流与最新版授权表一致。

四、实施：审批授权变革推进——以采购为例

1. 采购审批授权变革前后

采购业务域审批授权变革成果显著，优化前采购审批授权共计54项，审批节点流程总数269个，平均5个审批节点/审批流，单个审批流程完成平均耗时3.5天，CEO审批流程11项。优化后采购审批授权共计32项，审批节点流程总数102个，平均3.2个审批节点/审批流，单个审批流程完成平均耗时2.5天，CEO审批流程2项。采购业务域审批授权变革大幅提升了业务效率和质量，规避了内控风险，推进了责任下沉，激发了组织活力。

通过分析发现，采购审批流按照三级分类条件（见表22-4）进行划分，因为划分条件复杂，所以导致采购业务流程断点，审批流杂、散、乱。

表22-4 采购审批流三级分类条件

一级分类条件（采购活动）	二级分类条件（物资类型）	三级分类条件（金额）
采购需求评估	国外进口产品	金额<1万元
采购合同谈判	国内生产物资	1万元≤金额<50万元
采购合同签订	非生产物资——固定资产类	50万元≤金额<200万元

续表

一级分类条件（采购活动）	二级分类条件（物资类型）	三级分类条件（金额）
采购物资分类	非生产物资——服务类	≥200万元
采购验收	非生产物资——行政办公/后勤、耗材类（功能中心）	—
—	非生产物资——行政办公/后勤、耗材类（研究院、供应链）	—

基于采购端到端流程拉通视角对采购审批流进行归并、简化。从采购业务出发，采购流程包含采购需求、供应商匹配、合同签订、验收、采购付款这五个关键活动。采购应该是一类共性的业务，所以可归结为一个业务域。采购业务域依据采购模式区分业务流程，例如，公司的生产类原料的大宗采购采取集采模式，所以签订框架协议；服务类物资专业属性强，所以采取专业招标模式。不同的采购模式对应不同的业务流程。审批是业务流程中的关键控制点和关键决策点，采购最关键的控制点是合同签订前的供应商匹配。供应商匹配依据采购金额大小可能上升到不同层级实施决策，但业务流程、审批流中间审批节点、标准表单应该一致。

2. 采购审批授权变革举措

采购业务本质是基于采购模式对采购业务场景进行归类，每类共性的业务场景对应一个采购端到端流程，端到端流程是采购需求—供应商匹配—合同签订—验收—采购付款，同一采购端到端流程遵循同样的审批原则。以此为出发点，对采购审批流分类条件进行调整，依据不同采购模式对应的物资类型作为一级分类，以端到端流程节点作为二级分类。简化分类条件，减少审批流数量，端到端全局视角简化审批节点。变革后的采购审批流两级分类条件如表22-5所示。

表22-5 变革后的采购审批流两级分类条件

一级分类条件（采购活动）	二级分类条件（物资类型）
国外进口产品	采购需求
国内生产物资	供应商匹配

续表

一级分类条件（采购活动）	二级分类条件（物资类型）
非生产物资——固定资产类	合同签订
非生产物资——专业服务类	验收
非生产物资——物资、耗材类	—

基于业务效率、质量、内控定义采购流程的关键控制点。关键控制点包含采购需求的真实性、供应商匹配（框架协议招标/大额合同招标/询比价/议标）公平性、合同通用条款与付款条件标准化、验收质量确认。围绕以上四个关键控制点明确各控制点的控制责任人和权限，精准定义采购审批授权，实现审批节点简化、采购效率提升、采购质量合格、采购管理责任下沉。此外，包含公司营销、研发、人力、财务等其他业务域都依据以上原则和方法推动审批授权变革，取得显著实际成效。

五、成效：效率提升、内控合规、组织激活、持续优化

1. 效率提升

通过审批流归并整合、审批节点数减少、流程端到端拉通，业务效率大幅提升。第一期采购、行政、财务、人力业务域审批授权变革效率提升明显，具体如表22-6所示。

表22-6 审批授权变革效率提升

业务域	审批流数量/个 优化前	审批流数量/个 优化后	平均审批流节点数/个 优化前	平均审批流节点数/个 优化后	平均审批完成/天（依据单个节点0.7天）优化前	平均审批完成/天（依据单个节点0.7天）优化后	总裁级审批流数/个 优化前	总裁级审批流数/个 优化后
采购	54	32	4.9	3.6	3.4	2.5	11	2
行政	88	38	2.7	2.2	1.9	1.5	10	1
财务	105	41	3.9	3.4	2.7	2.3	12	7
人力	92	80	3.1	2.9	2.2	2.0	33	27
合计	339	191	3.5	2.8	2.5	1.9	66	37

- 审批节点数减少：平均审批节点数采购从4.9个降低至3.6个，行政从2.7个降低至2.2个，财务从3.9个降低至3.4个，人力从3.1个降低至2.9个，总裁级审批流程从66个减少至37个，减少44%。审批节点数减少，提升了业务审批效率和流程效率，审批流平均时间缩短超0.5天，审批效率总体提升近30%。
- 审批流归并整合：审批流数量从339个减少到191个，减少约44%，大幅降低了维护成本，提升了用户体验，提高了易用性。
- 流程端到端拉通：流程按业务域分类提升了流程架构的清晰度（如人力、财务），实现流程端到端拉通。例如，从采购需求到付款全流程拉通，并且总体呈现方式直观优化，为业务流的直通率提升奠定基础。

2. 内控合规

基于端到端流程识别关键控制点和关键决策点，关键控制点和关键决策点由审批把关，构建了审批责任制，推动了业务质量提升，促进了内控合规。变革前审批人看着前面点审批通过，自己也点审批通过。变革后审批人减少了，而且审批什么要素都清晰明确，审批人承担了责任，转变了对审批的认知。审批流设定是因为关键输出质量需要把关，是因为重大资源投入需要决策，是因为关键风险点需要控制，是因为例外和变化需要管理。

3. 组织激活

通过授权下放，让各级经营单元承担经营责任的同时具备权力，让各级组织感受到信任。"不再是什么都是上面定的，不再是凡事征询领导同意"，事业部、片区的权限逐步加大，很多经营性、运营性的事项经营单元自己就可以决策，不需要报批到集团。集团总部重塑定位，职责归位。集团总部更多是战略引领、赋能支持、共享服务、监督防范，各级组织各司其职。组织管理体系通过授权充分调动和激发全员，尤其是各级干部的主观能动性、工作热情、创造力和责任心明显提升。

4. 持续优化

建立审批授权季度例行优化机制，每个季度版本审核发布后落地运行，结合业务效率、质量、内控问题，每个季度实施一次迭代，并且将审批授权融合到对应业务流程中，与业务流程一体化优化。审批授权是组织的权力分配线路，审批授权的调整优化需通过集团流程管理部确认，不允许私自与数字化部门沟通调整。流程管理部协同数字化产品经理进行审批表单梳理，对于审批流承载的信息需要进行设计，推进跨业务域的流程、系统拉通与闭环，将审批流迁移到流程引擎BPM上。面向用户建立应用指导规范，遇到什么场景走什么流程，指导用户应用审批流。系统锁定后只有流程提案人可以发起流程，其他人员有流程查看权限，无流程发起权限，保障审批流应用规范。

参考文献

［1］黄卫伟. 以客户为中心[M]. 北京：中信出版社，2016.

［2］迈克尔·哈默，詹姆斯·钱匹. 企业再造[M]. 小草，译. 南昌：江西人民出版社，2019.

［3］迈克尔·哈默，丽莎·赫什曼. 端到端流程：为客户创造真正的价值[M]. 方也可，译. 北京：机械工业出版社，2022.

［4］拉姆·查兰. 客户说：如何真正为客户创造价值[M]. 萧峰，译. 北京：机械工业出版社，2016.

［5］王磊等. 流程管理风暴：EBPM方法论及其应用[M]. 北京：机械工业出版社，2019.

［6］陈立云，罗均丽. 跟我们学建流程体系[M]. 北京：中华工商联合出版社，2014.

［7］彼得·德鲁克. 管理的实践[M]. 齐若兰，译. 北京：机械工业出版社，2018.

［8］杨国安. 组织能力的杨三角：企业持续成功的秘诀（第2版）[M]. 北京：机械工业出版社，2021.

［9］约翰·P. 科特，丹·S. 科恩. 变革之心（珍藏版）[M]. 刘祥亚，译. 北京：机械工业出版社，2013.

致　谢

　　2018年3月—2024年3月，我开始策划并写作本书。我利用工作之余，基本上是清晨或深夜，思考架构、总结观点、提炼案例、萃取经验，至今书籍和开始策划的时候对比，已经面目全非，累积的过程稿件也完全可以整理成一本书。书籍最终定稿后内心有一种释然，感觉清晨或深夜的每一次深度思考都是值得的。

　　衷心感谢服务过的每个客户。我在咨询服务实践中进行了观点提炼、方法总结、案例沉淀。在咨询实践中与客户教学相长、共同进步，我个人也快速成长。本书更多源于实践，是基于实践的总结，而不是管理理论和方法的堆砌。

　　衷心感谢华夏基石这个平台，公司给我提供服务客户的机会，并且公司管理专家的知识经验给我很多启发，让我不断学习和进步，管理大师们的观点很多时候也让我豁然开朗。

　　衷心感谢我的家人对我咨询事业的支持，对我沉湎于书海的宽容。让我总能轻装上阵，没有什么后顾之忧。

　　衷心感谢电子工业出版社的编辑团队对我书籍出版的支持，以及对我写作的指导。

　　在本书写作过程中，我参考了流程变革领域大师的著作，在此向参考文献中的作者表达真诚的感谢。本书最终的书名定为《流程型组织变革——数字化转型与业绩增长路径》，因为我深知面向存量、减量市场竞争背景，以流程变革牵引组织再造，构建组织能力，更快、更多、更好地为客户创造价值，是企业赢得竞争、基业长青的必由之路。坚定走好以流程变革牵引组织再造的每一步，定将踏上一条通往成功的新道路。